U0069491

心靈豐盈

如何追求美好人生

趙翠英——著

自序 夫妻相處愉悅才是幸福的泉源

　　人生如夢，夢如人生。每個人的一生，其實也不過是數十年而已，在這幾個屬於自己的歲月中，誰都想將自己的人生過得多采多姿，充滿著溫馨與甜蜜。所以我將生活的點滴，透過文字的記載，將本書一共八輯的要點，分享給朋友，希望能夠一起來珍藏記憶；讓我們的人生，可以剪輯美好的歲月，點綴出美好的光陰。

　　一個人的一生，除了呱呱落地之外，真正能夠開始掌握自己命運的時刻，就是當婚姻來臨時，如何能夠使自己的婚姻幸福，如何可以開創出自己的人生，那就要看您是用怎樣的眼光與心情來突破您自我了。

　　美好的婚姻，有些是命中注定的。所謂：「有緣千里來相會，無緣對面不相識。」既然能與伴侶攜手同行，那就表示彼此都是緣分的牽引，才能成為夫妻。既然是夫妻，那要如何過著幸福安康的生活？這就是要看您們是用怎樣的態度來面對自己的婚姻。

　　人生孰能無過？知過能改，善莫大焉。更何況是朝夕相處的夫妻，難免有思想不一樣的時刻，此時，如果能多為對方著想，多看對方的優點，多體諒彼此的處境，多去思考彼此為家庭的付出，那再多的不滿，亦可化干戈為玉帛，秉持著互敬、互愛、時時為對方著想的原則，那這樣：退一步就海闊天空，即可攜手共度美滿的時光了。

但是美好的婚姻生活，除了夫妻之間能夠維繫之外，婆媳的關係也非常的重要；當夫妻倆組合成一個新家庭時，最容易引起話題的就是婆媳之間的相處。人與人之間的相處，難免會有旁人無法理解的爭論，如果因為旁人，而影響到彼此的婚姻生活，尤其是婆媳的相處，那就是一個令人遺憾的事。

　　為了減少紛爭，維繫美好的婚姻生活，彼此都要有感恩的心，來看待對方的困擾，時時給對方屬於自己的空間，並且要尊重對方的想法，即使彼此有了心結，但為了夫妻和家庭的和樂，就要有突破的心防，來想出解決之道；用對待自己父母的心情，來對待婆婆，那自然就能突破難關，維護婆媳的關係，共創美好的人生。

　　除此之外，還要注意自己身體的健康，想要過著健康的生活，並非是垂手可得的，而是在日常生活當中，餐飲時要養成少鹽、少油、少糖的生活習慣，也要細嚼慢嚥，以避免吞嚥時，容易造成被食物噎著的危機。

　　在行進時，也要切記莫慌張與匆促而行，以免跌倒，而造成筋骨的損傷；這些都是平時要注意的地方。除此之外，還要養成健身的習慣，多運動、常健走，才能培養出一個健康的身體。

　　並且不熬夜，按時休息，不菸、不酒，隨時保持愉快的心情，並培養自己的所好，使自己的精神愉悅，彼此才能增添生活的美滿，尋求出更美好的婚姻生活。

　　平時在生活中，也要主動的與兒女們聯繫，處處關心他們生活的狀態，彼此才能相互關照；也許他們忙著工作與照顧兒女，為人父母更要有體諒的心，閒時就幫忙照料孫兒、

分擔家務，這樣盡心的關照，自然能夠贏得兒女們貼心的回應，共同創造出美好的家庭生活。除此以外，充實我們的心靈，讓我們的人生過得更有意義。

在人生的歲月裡，有許多事情是令人難忘的。譬如說：與自己父母共處的時光，與好友相聚的歲月，時時都會縈繞在我們的腦海裡；讓我們感到人生的溫馨，即使父母已經離我們遠去，但時時感念他們的好，思索以往共度生活時的美好歲月和溫馨的時光，就會間接地讓我們不自覺地，願意去關懷別人，只有多方面的行善，才是提升自我內心良善的方法。

尤其是當兒女忙碌工作時，我們能夠幫忙照顧孫兒，那時更要用甜蜜的心情，來看待一切，與孫兒相處，促進孫兒們與我們的感情。

他們表露的童言童語，時時令我忍不住得哈哈大笑，有時也會令我啼笑皆非，有時也會令我溫馨甜蜜，尤其是看著他們漸漸長大，聽著他們的撒嬌和呼喊，即使是辛苦的帶大，也會感到甜蜜在心頭，這或許就是我們的甜蜜與溫馨。

在閒來無事時，也要培養出自己的興趣，來調劑自己的身心。人生在世，總有自己的樂趣；一來可以考驗自己的能耐，二來可以培養自己的喜好，這樣就可以提升心靈，挑戰自我和創新，才能發現自我，只有用心的學習突破自我，如此才能活出自我，開創出美好的人生。

人的一生，想要過個多采多姿的生活，就要有創新與接受現實的想法。多年前，我隨著外子退休後，搬來了風景優美的花蓮，我領悟到了要珍惜眼前的好山好水，並學習當個農婦，享受悠閒和接觸大自然的美景。

後來，幫女兒帶外孫，感受溫馨與甜蜜。並懂得珍惜與外子，過好每一天，讓自己的精神生活豐盈。我懂得欣賞大自然的美景；看雲、看山、看水、陶冶在大自然的懷抱裡；每天用美好的心情，過著平淡但溫馨的農村生活，讓心靈沉靜、讓精神愉悅，在此也願意分享，我生活中的記憶，讓大夥兒與我們共同追求愉悅的人生，共享心靈的豐盈。

目錄

輯一　夫妻相處需要智慧與技巧

　　有人說：「一日夫妻百日恩」能成爲夫妻不僅是緣份的牽引，更是百年累積的福份，所以要心存感恩。但每個人都有缺點，尤其是結婚久了，相處的日子多了，難免雙方都會表露了原來的面貌，少了謙虛、多了挑剔，結果明明想要攜手同行的佳偶，有些還沒走到盡頭，就分道揚鑣了。

　　這還眞的是一件很遺憾的事啊！范范大海裡，當初能夠挑選對方，攜手步入禮堂，除了緣分外，也是因爲彼此都看上了對方的優點，但是如果婚姻的旅程還未走完，就各分東西的話，著實還眞的是有些遺憾呢！所以說，美好的姻緣，是需要經營的，是雙方都得看重的；婚姻不是兒戲，除了相互扶持外，在相處的日子裡，切忌出口傷人，絕不自私自利，凡事都要好好商量，千萬別意氣用事，也別一意孤行，這樣才能維持良好的婚姻。

　　如果女方太過強勢，男方自然會覺得委屈。一個大男人，凡事都不能做主，都得聽從太太所交代的話，那自然會覺得有損男人的威風；相反的，如果男方太過於強霸，太大男人主義，這樣女方也會覺得委屈，終究婚姻生活就會在爭吵中度過。所以只有在雙方心平氣和的情境中，彼此願意聆聽對方的聲音，才能謀得一個幸福美滿的婚姻。

　　當雙方在思想和看法上有了分歧時，一方就要靜下心來聆聽對方的話語，知道對方需要的是什麼？別一昧的堅持己

見，走自己的路，到底婚姻是倆個人組合而成的，並非是一個人獨自行走的。

　　和善的言語，可以暖心，體貼的舉動容易窩心，彼此謙讓、相互為對方著想，自是創造出美好婚姻的根基。

　　既然決定攜手同行，就要好好地珍惜在一起的時光，所謂歲月不饒人，年紀愈長，愈需要枕邊人的陪伴。所以好好的相守，快樂的生活，是很重要的課題，多給對方讚譽，多體諒對方的辛勞，多感念對方的恩情，只有這樣為對方著想，多些關懷、多些浪漫、少些責備、少點挑剔、多看對方的優點，彼此鼓勵相互扶持，一同攜手並進，才能走進幸福的園地。

　　我將自己結婚多年與先生相處的生活，運用文筆集結成書分享出來，也期待每對佳偶都可以擁有甜蜜的婚姻生活。

　　夫妻之情貴在相知，適時愛的表達和說話的技巧，才是良好的溝通之道。

1.愛，跟著感覺走（要了解對方感受）

　　每個人對於天氣，似乎都非常敏感。天冷了，知道要加衣，天熱了，知道要脫衣。但遺憾的是，人們往往在日常生活中，忽略了兩性之間的感官變化。

　　先生在外工作了一天，遭受到了挫折，就帶著冬天的寒冷回家，這時做太太的，如果沒有察言觀色的本領，還湊上一句：「回來也不幫忙，像個大老爺似的。」勢必會惹來一些閒氣，碰上一鼻子的灰。同樣的，如果太太下班回來，還來不及換裝，就忙著燒飯、洗衣，這時做丈夫的，如果一開門就說：「怎麼還不開飯？在搞什麼？動作怎麼這麼慢！」這時家裡勢必會造成一股低氣壓，說不定，舌戰之後，還會下一場冰雹呢！

　　夫妻之間，了解對方的感受，是蠻重要的。當對方帶著春天的笑容進門時，您不妨也以春天的心情來迎接，以分享他的歡樂；當對方帶著冬天的寒冷，等著您的夜歸時，您是否也願意以同理心，來體諒對方漫長的等待？而說上幾句歉然的話語，讓春天的溫暖，驅除那冬日的寒霜。

　　夫妻之間，了解他（她）的感受，跟著他（她）的感覺走，將帶給彼此之間愛的包容與體諒，也將會驅散那冬日的寒冷，化解了秋天的蕭瑟，分享春天的溫暖和夏天的豔陽。

心語：既然成了夫妻，彼此之間，最好能夠體諒對方的心境，
　　　所謂：「有福同享，有難同當。」能夠成為夫妻也是緣
　　　分的牽引，如果彼此都能夠珍惜這分得之不易的緣分，
　　　看重倆人的情感，想要成為恩愛的夫妻，那就不是一
　　　件困難的事了。

2.愛，要有一點驚喜（增加情趣的方法）

前一陣子，參加了一個盛會，是一對老夫婦結婚五十周年紀念，飯店前堆滿了一叢叢的玫瑰，一籃籃的石斛蘭，廳內洋溢著一片慶賀之聲，兒子、媳婦、孫子女圍繞在旁，好不熱鬧。

五十年，不算短的日子，夫妻能夠和睦相處，攜手並進五十年，還真的是不容易呢！在這段漫長的日子裡，能夠互相扶持，互相鼓勵、互相依賴，才能有今天這五十年攜手並進的黃金歲月，在這五十年裡，也許有哭、也許有笑、也許平淡無奇，但是那份執著的堅持，卻令人激賞。

事實上，最平凡的，也就是最可貴和最幸福的。不過，平時在平淡的婚姻生活中，來一點驚喜，是有助於婚姻甜蜜的。譬如說：在您的生日宴上，突然有人按門鈴，原來是有人送了一大叢代表您年齡的玫瑰花，署名的人居然是沉默寡言、不善言語的老公，這不是令人既感動又快樂嗎？或是在結婚紀念日當天，買一雙他喜歡的皮鞋，買一件他中意的襯衫，不是也會令他心中充滿了歡欣？即使在平日，訂一本他喜歡的釣魚雜誌，學做一樣她喜歡吃的紅燒獅子頭，或說一句令他（她）感動的話，都是一份驚喜，這份驚喜，像年輪的潤滑劑，輾過許多歡樂的時光。

別小看這分驚喜，那將會帶給夫妻倆，一種不可言喻的甜蜜，在生活中擷取這分驚喜，也將會使您們彼此的心更相繫，愉快地走向漫長的未來。

心語：夫妻相處在平淡的歲月裡，的確需要一些驚喜來添加
　　　生活上的情趣。
　　　而情緒上的愉悅，的確可以增進夫妻的感情，因為會
　　　讓對方驚奇的話，表示彼此夫妻之間，會在日常生活
　　　當中，了解對方的所好，在特殊的時候表達出來，就
　　　可以感受到彼此為對方所付出的關心，所以生活中的
　　　驚喜，是促進夫妻感情更進一步的方法。

3.愛，是適應不是改變（適應是一種寬容）

　　常常可以聽到這樣的一句話，如果他（她）愛我的話，他（她）就會因為我而有改變，或者說我和她結婚後他（她）就會有所改變。

　　其實，真正的愛是適應。從適應中，可以學習到很多。如：寬恕、體諒、接納、包容。我總以為，想去改變對方，不如去適應對方。改變對方是不容易的，因為那是操之在他人；但是去適應對方，倒是可行的，因為那是操之在我。

　　當您有一顆接納別人的心時，您的心中已包含了寬恕，寬恕不僅是美德，也是心靈修養的提升；有了這份寬容的心，心中就有愛，心中有愛，會讓您一切順心，凡事包容。心中有愛，會使你心靈優美，因為相由心生，心中存善、存美，自然形於色的，就是美。

　　不要時常存有想去改變別人的意念，如果學習去適應對方，也許會比較愉快些。適應讓您體察出自己的寬容，適應讓您享受接納的愉悅，適應將會帶給您心中的平靜。當您想去改變對方時，不妨換個方式，先學習去適應吧！

心語：夫妻之間，如果一直想要去改變對方，勢必容易引起　　　對方的不愉快，所以想要避免爭端四起，就要學習去　　　適應對方，因為適應是一種寬容的表現，也可以帶給　　　雙方心靈的平靜。

4.愛，是謝謝您想到我（表示了尊重與悅納）

　　晚飯後，外子叫兒子拿兩個水梨來，並且說：「一個給爸爸，一個給媽媽。」我聽了霎時感到溫馨，立刻就說了句：「謝謝您，想到我。」看到他嘴邊的微笑，似乎已接受了我的回應。

　　在生活中，我們總是容易忽略了別人對我們的好，尤其是結婚多年的夫妻，總認為感謝的話，不用放在嘴邊。事實上有回應才有互動，即使是晚歸時，對方為您預留了飯菜，也都不要忘了說聲：「謝謝您，想到我。」

　　當對方有任何一個關懷自己的舉動，即使是一句溫暖的話語時，也不要忘了說一句：「謝謝您，想到我。」這句話看似平淡，但含意深遠，「想到我。」表示了尊重與悅納。

　　我們常常容易忽略一件事，那就是結婚多年，他（她）對我好是「應該的」我接受他（她）的好，也是「理所當然的」，所以不需要回應，接受就對啦！但是，如果您不懂得回應，說聲：「謝謝。」或者認為那麼多年了，還不懂我的心嗎？一無反應的結果，似乎愛意就失去了鼓勵。日子一久，總會令人淡然，而索然無味的。

　　「燈不點不亮，話不講不明。」當對方對您表示關心時，別忘了說聲：「謝謝您，想到我。」我想在這良性的循環下，愛意自然就會滋長了。

心語：有句話說：「話不講不明。」夫妻之間，任何一方對您
　　　好的話，我們都要心存感恩的說句：「謝謝您！」因為
　　　這樣對方就可以了解您懂他（她）的心意。別以為結

婚久了，就不需要再將感恩的話說出來，如果夫妻之間，能懂得對方對您的好，那心存感恩的心，勢必一定會增進彼此的感情。

5. 愛，是培養和諧的氣氛（別為小事而傷了感情）

兩性的相處，實在是一門學問，小至買一根蔥蒜，大至貸款售屋，都會紛爭不斷，也往往會為了一件小事而吵得面紅耳赤，為了一句話，而爭辯不停。

就拿買水果來說吧！如果您想吃西瓜，但是對方最痛恨西瓜，也許會說：「這個西瓜不甜，價錢太貴。」如果對方喜歡吃木瓜，而您不悅納，就會說：「這個木瓜沒熟，不好吃。」如果您聽取了對方的建議，不買嘛，又割捨不掉最愛，買了嘛，又要聽對方嘮叨、數落，有時就會為了買瓜，而鬧得不愉快。想像力豐富一點的人，甚至會想，究竟對方是對瓜不滿意？還是在挑剔自己？於是紛爭開始，真是破壞情趣。

其實，不管您是否喜歡西瓜或者不悅納木瓜，都不是重要的問題，重要的是，只要對方喜歡即可，何必為了這件小事，破壞了心情，傷了和氣。

想想兩個人，能夠一塊兒出門，能夠一起選購自己喜歡吃的水果，這是多麼好的一件事情！不要為了小事而破壞了情緒，夫妻共同來維持和諧的氣氛，那才是一件快樂的事。

心語：夫妻相處，貴在相知。最好別為了一點小事而爭論不休，能夠結為夫妻，就是緣份的牽引；所以凡事最好能夠尊重對方的建議，彼此商量，相互接納，能夠維護相依的默契，以達到和諧的目的。

6.愛，是把食指指向自己（凡事反面思考可獲人心）

夫妻之間，最容易吵架的根源，在於不當的肢體語言表達。「你可以如何如何⋯⋯，你應當怎樣怎樣⋯⋯」這樣的話語，在兩性之間，時常可以聽到，在說這句話時，食指也總是喜歡指向另一半，而忽略了自己的配合意願。

人性的弱點在於比較主觀，自我意識也比較強，往往容易以自己的眼光和看法來衡量事情，我們往往會以為自己喜歡吃蛋糕，別人也會喜歡吃蛋糕，自己喜歡吃香瓜，自己也忍不住地請別人吃香瓜。其實每個人的口味不同，給予別人多樣化的選擇，似乎比較合乎人性。

你喜歡的，別人未必中意，你不喜歡的，別人也未必討厭，每個人都有自己的喜好，每個人也有選擇的權利，提供別人選擇的空間，比一味的希望別人來配合自己，顯然要開明多了。

當一件事情發生，彼此的想法迥異時，把指向別人，「你應當如何如何⋯⋯」的食指收回，而反過來指向自己，「我應該如何如何的來配合⋯⋯」那就比較容易減少彼此的爭吵了。

心語：夫妻雙方在對話時，最好能夠站在對方的立場去思考，別要求別人一定要聽自己的，這樣容易造成爭端，破壞了夫妻的情感，那就得不償失啦！

7. 愛，是脫離唯我，鼓勵成長（成長與包容是美滿生活的良方）

　　大部分的人在未成家前，多由父母呵護著，生活起居也大都是由母親來照顧。一旦結了婚，過著獨立自主的生活時，有很多的生活細節，是需要靠自己去打理的，男人在勞煩、疲憊之餘，難免容易想起，婚前大部分的家庭瑣事，都是由媽媽一手包辦，自己完全無需付出，太太在某些方面就比不上媽媽了；女孩所憶起的，也是以前不想做的事，只要和爸爸撒個嬌，嗯哼兩下，就輕易過關，所有的大小事，交給爸爸可以處理妥當，老公則不能什麼事都隨時代勞。

　　一旦組成了共同的家庭，成了一個真正的男主人和女主人，心理上難免是有些惶恐和不安的，有時在生活上碰到了挫折，還有一種逃避的心理，想回到小兒女時的心態。

　　在婚姻的成長過程中，每個人難免都會經過這一段。其實倆個相愛的人，能夠攜手並進，走向地毯的那一端，就是一種幸福，更何況真愛是建立在彼此成熟的個性上；所以結了婚要拋棄唯我獨尊的心態，事事為另一半著想，給予對方發洩情緒的空間，肯定對方的成就，鼓勵對方的成長，攜手一起度過共同相處的歲月，一起經營美好的人生，您們的婚姻將會漸入佳境。

心語：想要過一個幸福的婚姻生活，彼此之間要能相互的協助與鼓勵，別一味地認為對方應當要以自己為重，只有在相互的尊重與對方為前提的婚姻下，才能獲得一個美滿的婚姻。

8.愛，是遵守溝通後的承諾（重視承諾以增進感情）

　　夫妻之間，常因為看法不同，觀念不一樣，而有了爭執；但也可以從爭執中，找到一個溝通方法。這個方法可以使夫妻之間得以妥協，而這分妥協就是承諾。

　　承諾使彼此之間，取得了一個平衡點，彼此之間，不再堅持己見，願意放棄己見，彼此取得共識。但是堅持承諾是夫妻之間，必須堅守的原則。

　　一個不重視承諾的人，久而久之就會讓對方失望，讓對方不再信任。這對夫妻關係來說，是一種傷害，所以夫妻之間的承諾不可輕忽，更不可以失信於對方。

　　如果自己無法做到對方所提出的要求，切忌輕易承諾。因為承諾的事項，就要做到；一個真正會為對方著想、有責任感的人，是守信用、重承諾的人，如果一個人不守信用，輕言寡信，自然就不得人心了。

心語：夫妻之間的共處，首要條件是彼此之間的信任，夫妻
　　　之間如果能遵守承諾的話，容易獲得對方的信任，有
　　　了信任，自然彼此之間就容易相處愉悅了。

9.愛，是接受對方的不完美（接受對方的思維就是尊重婚姻）

　　人總是沒有十全十美的，但是，人性的弱點，往往是要求對方的完美，而忽略了自己必非十全十美。

　　能夠接受對方的不完美，是一種恩慈，也是一種謙虛，能夠退一步為別人著想，為別人留一段退路，是一種寬宏的氣度，愛，就是要能夠接受對方的不完美。

　　常常可以聽到這樣的一句話：他（她）的優點，也就是他（她）的缺點，也許在婚前彼此互相吸引的地方（可算是優點吧），在結婚後，就成了彼此相怨的藉口了。例如：婚前欣賞他（她）凡事看得開，不在意的灑脫個性，婚後就會埋怨他（她）凡事粗心大意，處事太散的性情；婚前欣賞他（她）謹言慎行，步步為營，老成持重的做法，婚後就變成了，固步自封，畫地自限，太過於守舊的想法。看來兩性之間，還真的是有點矛盾呢！其實，當您看到對方的不完美時，也不過是不合乎您自己完美的想法罷了。當您能夠將對方的缺點，看成為優點時，也許就能夠悅納對方了。

　　接受對方的不完美，在夫妻相處中，占著很重要的一環，能夠彼此接受，那分不完美，將可以使您們的感情有更好的增進。

心語：人無十全十美，夫妻相處要從多方面去思考，一件事情，往往沒有絕對的好或是不好，多接受對方不完美之處，站在對方的立場去判斷事情，勇於接受對方的思維，那也是一種尊重婚姻的方法。

10.愛，不要束縛（別讓愛，成為了對方的負擔）

　　結婚多年，似乎淡化了夫妻之間的感情。事實上，夫妻之間是需要經營、互動，才能培養出更深厚的感情。在日常生活中，我們時常遇到另一半因工作的關係，應酬到很晚，而我們在家中等待時，內心是多麼的焦慮、擔心；但是等到另一半回到了家，卻說出：「你跑到哪兒去了？這麼晚才回來，乾脆住到外面好了。」這時，另一半一定非常沮喪，在外辛苦了一天，不但得不到慰藉，反而見到妻子冰冷的臉孔，及聽到尖酸的話語，內心的失望是可想而知的。而妻子滿懷擔心，焦慮的愛意，都被自己尖銳的言語，給沖淡了，取而代之的是彼此的不悅。如果當時改變一下語氣，如：「辛苦了一天，快進來休息吧！」另一半聽了，一定非常的感動，以後也許會儘量減少應酬，儘快的回家。

　　在上親密關係的相關課程時，有一位學員提出：如果為了對方著想，而不願另一半做某件事時，應該如何禁止？講師將那位學員緊緊的摟住，而且愈摟愈緊，問他有什麼感覺？那位學員嚷著說：「啊！摟得那麼緊，我快要不能呼吸了。」而後講師，又請其他的學員，將那位學員的眼睛、嘴巴、耳朵摀住，手、腳按住，問那位學員有何感受？那位學員回答說：「有種想要掙脫束縛的渴望。」講師說：「這就對了！愛，不要束縛。雖然您的出發點是愛，但是不要讓愛造成對方的負擔，不要捆綁，不要讓對方有被束縛的感覺。」

　　的確，夫妻之間愛的表達，源於說話的技巧和良好的溝通方式。每個人都希望「家」是溫暖、和諧的，因為它是我

們生活的原動力，在目前高離婚率的社會裡，我們是否應更
努力營造美好婚姻的園地？一起來開闢吧！

心語：夫妻之間，有時明明是內心的關懷和擔憂，但當話語
　　　說出口時，卻傷害了對方的心，所以夫妻之間在對話
　　　時，要先思考一下，語調別太高亢、嚴厲；溫柔的話
　　　語，容易溫暖對方的心，亦是增進夫妻感情的重要一
　　　環。

11.愛，要有一個理想（那將是增進夫妻感情的良方）

　　人生有夢，逐夢踏實，這是一種追尋理想的態度。在婚姻的過程裡，擁有一個理想，懷有一個讓夫妻有心共同實現的願望。例如：想共同買一棟房子，想投資做一筆生意，想擁有一個共同的信念，想實現一個小小的計劃，想擁有一分美好的心情等，都是一個理想。有了理想，有了目標，自然就會朝著理想同步。

　　彼此共同擁有一個理想，自然能夠體驗到一分共識，無論是實質上金錢的投資，或者是心理上的追尋，都能夠凝聚夫妻間的感情，讓夫妻用親密的力量來達成目標。

　　有了目標，生活就有了重心，有了重心，心靈就有了依靠，有了依靠，自然就能夠培養出憂戚與共的心，彼此之間更能夠悅納對方。

　　擁有一分共同的理想，是倆人精神上的依賴重點，是心靈上的相契所在，在攜手並進的婚姻旅程中，這份理想無形中帶給了婚姻生活無比的信心和勇氣。

心語：夫妻之間，如果有了共同的理想，就會一起努力的來
　　　實現心中的願望，如此就能增進彼此的感情，向著有
　　　「有福同享，有難同當」的信念前進，那對夫妻來說，
　　　也是增進感情的一種方式。

12.愛，不能輕言別離（有緣才相遇，讓愛永伴行。）

在夫妻相處的日子裡，難免會碰上低潮期。假如有一天，您厭煩了爭吵，您厭倦了冷戰，您為了意見相左而煩心，您為了賭氣而失眠……，假如真有那麼「鬱卒」的一天，甚至讓您想「從此掰掰」，情緒激昂的您，最好及時進入房內痛哭一場，讓情緒充分宣洩紓解。過後，再擦乾眼淚，拿出您們的照片，回味、捕捉以往甜蜜的回憶。

有的時候，一忙一亂，一吵一鬧，日子似乎就突然變得毫無意義了。如果那時能夠翻閱照片，想想談戀愛時的甜言蜜語，想想新婚時的親親密密，想想孩子出生後的歡愉，看著一張張歡笑的容顏，看著美好的儷影，美好的時光就會回到眼前。

仔細的思考，您真的要孤單的過一生嗎？您真的有勇氣後半生寂寞獨行？若是重新尋求一份感情，再走過一次婚姻之途時，您是否能夠突破一樣的瓶頸？如果您思考的時間愈長，考慮得愈久，您就不會那麼快的就做決定，也不會在衝動之下，輕易的放棄您的婚姻。

人生自是有緣才相遇，自是有份才聯親。把握住已經屬於您的婚姻，不要輕言別離，讓情牽您心，讓愛伴您行。

心語：能夠結爲夫妻，並非是一件容易的事，必須要有緣份的牽引，才能成爲夫妻，既然已成爲了夫妻，就當好好的珍惜在一起的時光，千萬別輕易的說別離，彼此之間相互的體諒與包容，是一件非常重要的課題，只有相互珍惜，才能營造出幸福的婚姻。

13.愛的調味品（讓婚姻更有味）

　　能夠掌握婚姻的人，總希望婚姻能夠長久、更甜蜜，在漫長的婚姻生活當中，有點驚喜，有些約定，有些沉默，有些釋放，是必需的。

　　「驚喜」能夠讓彼此在平靜的婚姻生活當中，激起陣陣的漣漪，例如不告訴對方而為他開了一個生日派對，在她下班時，到她工作地點，接她下班，攜手看部午夜場電影，都會帶來一份驚喜，以增進生活的樂趣。

　　在濃情密意時，彼此不妨有些約定，如果誰先讓對方生氣，就必須先說出共同的話語。例如：第一次約會時所看的電影名稱；第一次相約時的咖啡館；一句最令對方感動的話語；如此的約定語言，自然就容易喚起當初相見時的歡愉，化解了一場紛爭。

　　如有一方情緒大亂，怒氣沖天，破口大罵時，另外一方要沉得住氣，有句俗話說：「沉默是金」，當對方盛怒時，再多的話語，也不能平息對方的怒氣，那麼不妨就先沉默吧！等對方怒火平息再加以溝通，通常能夠避免一段不必要的爭吵。

　　想要維持長久的婚姻生活，最好能夠尊重彼此的想法，給予對方發展的空間，釋放心靈以發展潛能，實現理想的生活，並且能夠尊重對方的決定，多給予鼓勵與肯定，如此的婚姻生活，將有助於您們攜手步上白頭偕老之途。

心語：夫妻之間，想要過長久的婚姻生活，最好是能夠尊重
　　　對方的想法，給予彼此發展的空間；多給予鼓勵和肯
　　　定，讓婚姻更有品質，期待能夠共度美好的人生。

14.鼓勵是婚姻的潤滑劑（人生寄語）

走進婚姻之前，在戀愛階段時受到鼓勵的情侶，將有助於婚姻的促成，一旦結婚，在婚姻的過程中，有了彼此的鼓勵，也可以使婚姻生活更臻完美。

遺憾的是，往往在度過甜蜜的蜜月期後，生活中不好的情緒，就從四面八方不斷的湧來，疲憊、壓力，再加上無力感，有時的確讓人招架不住。

此時，當初相戀、相愛和相知的彼此，最需要的是互相的鼓勵，多站在對方的立場來看事情，多提供自己的想法並且分享對方的心情與感受，不要認為對方的問題，根本就不是問題，如果能反過來想，對方的問題，正是自己的問題，那時我將如何……，如此就能夠多為對方設想。

我們應當思考，維繫一段美滿的婚姻不易，摧毀卻不費吹灰之力，切勿因一方的情緒不穩，而亂了腳步，讓對方有發洩的空間，不要抹煞對方的想法，不要打壓對方的士氣，多給予對方鼓勵，那麼即使原本的怨言，在您的情緒疏導下，也會成為善言的。

心語：婚姻生活，最重要的就是：「給予對方鼓勵」多聽對方的意見，給予對方發展的空間。尊重對方，也就是尊重自己，也只有在彼此能夠悅納對方的思維，接納對方的意見，才能培養出默契，共同擁有一個幸福的婚姻。

15.你生氣，我閃人（期诗雨後天晴）

　　假日時，在花市碰到了王伯伯，我上前向他問好，順便問問王媽媽怎麼沒來？他說：「王媽媽在家生氣，所以我一個人出來逛逛。」我訝異問：「咦，王伯伯您和王媽媽的感情不是一向挺好的嗎？」王伯伯靦覥地笑笑說：「再好的伴侶也有吵架的一刻，妳們年輕人不知道啊！夫妻相處久了難免會有意見相左的時候，除了彼此要有容忍和體貼的心，還要學會閃躲的功夫，這也是維持夫妻良好關係的方式之一啊！」

　　王伯伯繼續說：「她生氣我就出外走走，看看風景、賞賞花，我生氣她就到園子裡種種菜、除除草；避免倆個人碰撞在一起，唇槍舌戰地你來我往，難免出言不遜傷了人，這樣暫時迴避一下，等一方氣消了再回去說說好話，自然就比較能夠避免一場爭吵了。」

　　王伯伯和我邊走邊談，繞了兩圈花市，就拍拍身上的灰說：「我該回去了，想必妳王媽媽的氣也消了吧！」說著就離開了。

　　我想了想，王伯伯說得話也沒錯，夫妻能夠共同攜手走在人生旅程上，是需要運用智慧與技巧，這閃躲的功夫的確不賴，「妳生氣，我走開，我生氣，妳避開。」以免慧心撞地球，產生層層碎片傷人又傷己，如果夫妻之間，能夠避開彼此盛怒的一刻，閃過引爆點，就能像王伯伯和王媽媽一樣，攜手度過了四十個年頭。

心語：夫妻相處，如果倆個人都在氣頭上，雙方出口一定容
　　　易傷人，這時一方不妨暫時離開現場，讓對方發怒宣
　　　洩內心的不滿；等對方氣消了，再賠上笑臉說上好話，
　　　那自然就容易雨過天晴啦！

16.看妳還氣不氣（運用高招，讓怒火全消。）

　　有時與老公鬥氣不想說話，總認為誰先開口，就表示誰認輸，但隨著日子過去，我發現老公想出了一個絕招——他會打視訊電話給女兒，說要找外孫說話，我故意裝作毫不知情，卻聽見兩個小寶貝頻頻追問：「外公，怎麼沒看到外婆呢？」「外婆在哪裡？我想跟外婆說話！」唉，我總不能告訴他們，我和外公吵架，正在冷戰中啊！也不能舉牌表示：「生氣中，拒絕說話。」於是，我只好放下家務，湊到視訊螢幕前開口：「外婆在這裡。」還得和顏悅色地問：「寶貝們今天過得好嗎？吃過飯了沒？」不然他們一定會問：「外婆您怎麼都不笑？」此時老公也會嘻皮笑臉地湊過來，與孫兒有說有笑的，我總不能馬上擺出晚娘面孔，只好配合演出；這一唱一和的，最後也忘了是誰先開了口，爭吵便落幕了。

　　這就是我家老公最愛耍的「陰招」，事後還會得意的表示：「看妳還氣不氣？」

心語：夫妻之間相處久了難免會有爭吵，這時一方看到另一
　　　方生氣時，最好能夠想出一些妙招，來引起對方開口
　　　微笑，這些小動作，使用得當的話，夫妻感情就容易
　　　化險為夷，還有可能感情會再增進呢！

17.就是不說對不起（將不滿對方的話語寫出來，讓對方了解您的情緒。）

　　與老公相處多年，吵嘴的日子也不少，他早已練就了一身處變不驚的功夫，妳的嘮叨他充耳不聞，妳的叫喚他無動於衷，妳火了推他一把，他就斜躺在床，雙眼死盯著電視；妳的碎碎念還沒結束，他的鼾聲早已迴盪在妳耳際，任妳狂風暴雨，他完全不受影響，更無視於妳的存在。

　　難道說是好男不跟女鬥嗎？想太多，不然他為何要惹我生氣？莫非正如大家所說，男人到了某個年紀，真的就只剩下一張嘴？想想談戀愛時，因他木訥寡言，自然聽不到甜言蜜語，中年後他忙於工作，鮮少言語；到了老年，說的話比較多了，內容卻令人氣憤難耐。雖然老公常說：「甜言蜜語，鮮矣仁。」但哪個女人不愛聽好聽的話呢？

　　我如果不將心中的苦惱說出來，肯定會因為生悶氣而生病，可是若想對他吐露心聲，他根本不聽或是有聽沒到。如今人手一機，沒事就 LINE 來 LINE 去，老公也不例外，我突然想出了一個法子，就是用 LINE 將心中的怨氣統統吐乾淨，這樣不怕他「聽不見看不到」，我也不用浪費唇舌，大吼大叫而傷了元氣，更可避免當面起衝突。我把對他的不滿，加上要改進的地方，全部慢慢地 LINE 給他，這樣即使他依舊不答話，總也知道我在不滿什麼了吧！

　　如果你問我，他看了那些訊息後是否有所改進？嗯，我只能說有進步。起碼說話時，他會先思考如何避免傷害到我脆弱的心靈。但要他說出：「對不起」這三個字依舊難如登天，如今我還得繼續思考，是否還有什麼好方法，讓他在得罪我

的時候，可以很快吐出「對不起」這三個字，這樣我就不會
那麼生氣啦！

心語：夫妻之間總有一些話，難以說出口，尤其是大男人的
　　　老公，想讓他對我說出好聽的話，那是有些困難的，
　　　與其如此強迫他說出那些平常他不說的話，那不妨就
　　　用寫的；這一來自己寫出來了可消氣。二來對方看了
　　　知道妳在氣什麼？也許同樣的事，以後就不會再發生
　　　了。

18.老婆大人萬歲（男人真命苦）

　　王忠說：他雖是一個男人，但並非能成為一家之主，家裡所有大大小小的事，都是由太太來作主，薪水袋交由太太來處理，零用錢由太太來發給，原本沒有什麼大不了，但總覺得不能隨意運用，揮灑自如；教養孩子別操心、莫擔心，通通都由太太來搞定，他毫無插嘴的餘地；家裡大大小小的事物，凡是吃的、喝的、穿的，通通由太太來負責。照理說：王忠下班後只要回家翹腳看報紙，一切就 OK 了，但是王忠怎麼老覺得垂頭喪氣，不甚開心？

　　原因是太太很能幹，聲音高、膽子大，無論啥事也難不了她，不管是刷牆、修燈都自己來，爬高、走低不會怕，倒是王忠個子矮、膽子小，有些事情自己做不來的還得依靠她，漸漸地老婆的氣勢越來越高。

　　有時王忠想回家看看父母，也得看看太太是否願意？想拿一些錢回家孝敬老人家，也要看看老婆的臉色是否高興？尤其是婆媳之間火藥味的相處，更令王忠不想回這兩個家，有人建議王忠不要理她，王忠說他就是沒辦法，一頭栽進愛情海，心裡絕對不能沒有她，王忠變成了一個可憐蟲，只不過想擁有一個快樂家庭，時時必須要忍耐她所說的話，和她加諸在他身上的「非男子氣」，哎呀呀，哎呀呀，王忠只好自嘆道：苦命啊！苦命啊！我的名字就是它。

心語：男女結婚做太太的最好別太逞強，凡事以自己為主，
　　　多聽對方的聲音，這也是一種尊重。尤其是對公婆也
　　　要盡孝，這樣老公看到了，心裡自然是感激不盡。公

婆養大了孩子，是很辛苦的，偶而老公孝順他們，也是應該的，如果老婆能夠贊同，這樣老公自然會是很疼愛我們的。

19.婚姻低潮期（人非聖賢多看對方優點，就可提升負面情緒。）

當莉莉跑來哭訴她的先生是多麼的不可理喻，她要和他離婚時，我嚇了一跳，他們夫妻倆出雙入對，相互扶持的儷影，頓時呈現在我的眼前。

莉莉和她的先生，在我們這個社區裡可說是數一數二的模範夫妻，無論走到哪裡，都可以看到她們的儷影雙雙，大賣場有她們的影子，公園裡有她們的足跡，在學校裡也看到她們同進同出，怎麼會……。

我讓莉莉吐吐苦水，她講述先生的壞習慣、還有大男人主義、不懂得體貼……等等不是，待莉莉發飆的情緒穩定後，我問莉莉為何二十多年來，她都沒有抱怨？且儼然以標準夫妻的模式呈現在朋友的眼前。這時莉莉吞吞吐吐的說，以前她都是用寬宏的心胸來接納先生的嘮叨，一手打理先生不修邊幅的服飾，用溫情來包容他的粗心大意，如今這點點滴滴的瑣碎事情，讓她感到精疲力竭，心靈累了、倦了，所以想乾脆分手算了。

我笑著問那麼過往的婚姻生活中，丈夫可曾帶給她幸福甜美的感受？莉莉偏著頭思考，然後紅著臉點點頭。

其實，人非聖賢，每個人都有缺點，我們是不是應該多看對方的優點？盡量忘記對方的缺點？時時往好的一方面去想，那就會覺得快樂了。譬如夫妻一起旅行，一起看電影、一起散步、一起購物、一起划船、一起觀月、一起賞星……等等，那種情境是不是也很美？莉莉被我說得居然破涕為笑，看來這一場差點就凸槌的婚姻，已風平浪靜了。

心語：夫妻相處難免會有爭議的時刻，但當我們內心不平衡
　　　時，就要想想倆人在一起時的甜蜜時光，讓心中的不
　　　悅霎時沖淡，多去思考對方的優點，別去計較對方的
　　　缺點，這樣自然就不會成為怨偶了。

20.老婆，饒了我和孩子吧！（夫妻間太過節省，也會失去情趣。）

　　張媽說她的女兒好乖，不僅節省、又會理家，把家整理得有條不紊，但是她不知女婿是怎麼了，居然要和女兒仳離，實在令張媽傷心欲絕，那麼好的女兒，哪裡找？女婿怎麼會那麼的不珍惜……等等。

　　事情就是那麼的簡單，張家女兒節省成癖，從結婚開始家裡就沒有換過家具或電器，東西只要壞了，就修理再修理，電視、冰箱、洗衣機都是舊式的，先生想換台全自動的洗衣機，她也不肯；孩子想擁有寬螢幕的彩色電視機，她也極力反對；冰箱還是結婚時那台又小又會漏水的冰箱，她說能省則省；自己的衣物，就是結婚時買的那幾件，除了上菜場買菜之外，她從不逛街瞎拚，從不喝咖啡聊天；孩子想吃麥當勞她就自己做漢堡，出外郊遊，絕不上館子，她說浪費，自己就準備一些水和乾糧，其他的就更別談看電影或出國旅行了。

　　她把先生所賺的錢，一點一滴的存起來，倒是買了一棟高樓來租給人家，自己寧願住在矮房子裡，看來張家女兒懂得節省也是好事，但是張先生卻有話說，指老婆生活圈太小，有潔癖又不懂得調適生活，只會待在家裡等著他和孩子回來，他們一回來，就一定要他們先抖落身上的塵埃，才能進屋，接著就是一定要先洗澡，才能吃飯，然後吃飯時不能談笑，以免口水掉入菜盤裡，吃飯時不能掉一粒米在地上，飯碗裡也不能留下一粒米，家裡在週一到週五時不能看電視，為了健康也不能吃甜食，家裡從不插鮮花，因為她嫌太浪費，假

花她嫌惹塵埃，先生在言談上不能太隨便，以免壞了當爸爸的形象。

凡此種種，原本是良好的生活規範，但被硬性的制約後，張先生就覺得太太似乎是太嚴肅，也太沒情調了，回到家裡，猶如還要面對職場上的老闆，孩子認爲媽媽的規矩，比學校老師規矩的還嚴，家庭的氣氛，自然就變得非常的冰冷，每個人吃完了飯，也只好躲到房間裡，而不再出來了。

日子一久，張先生受不了家裡的嚴肅和冰冷，開始流連在酒店；孩子下課後伴稱在圖書館裡看書，而不願意回家，張太太每次看到這樣的情形，等先生、兒子一回家，總少不了一陣嘮叨，日復一日，張先生乾脆就提出分手的事情了。

家庭主婦如果只是認眞的料理家務，一切的娛樂和嗜好都被家庭所吞噬了，那負面的情緒自然就無法宣洩，情緒就容易轉嫁到別人的身上，總會以自己嚴肅的生活方式來要求別人，那肯定無法與別人達成共識，相反地還會造成別人的壓迫感，所以有的時候，家庭主婦不妨輕鬆的過日子，別那麼緊張的過生活，爲家裡製造些浪漫氣氛，多點甜蜜，少點嚴肅，少點責備。到底家是一個讓大家休憩的安樂窩啊！

心語：夫妻之間，除了一般正常化的生活外，生活的調劑是很重要的偶而一起去看場電影，或到餐廳去吃個飯，打打牙祭，都是有必要的，如果一昧地節省、存錢，又固執又沒情調的話，夫妻之間的感情自然不容易精進，婚姻是甜蜜的，家是溫暖的，如果過得太嚴肅，太封閉的話，自然就失去了家庭的溫暖了。

21.妳也可以這樣做（適時的邀約，是增添夫妻感情的妙方。）

與老友相聚，談到退休的另一半，梅子就滿肚子氣：「別說了，我先生就像馬鈴薯，每天坐在沙發上，動都不願意動。」美玲說：「只要有球賽，我說的話他都聽不見，沒日沒夜的盯著電視，也不怕眼睛會瞎掉。」麗琴則說：「除了打牌願意出門，我老公其他時間都窩在家裡滑手機。」

梅子問我：「妳家那口子呢？」

我笑著說差不多，「但想讓他出門，我有妙方！」大夥兒急著聽秘訣，我說答案很簡單，就是「主動邀約」。

想想過往談戀愛時，都是老公邀我出門，現在他退休了懶得動，乾脆由我來。例如：飯後散步，就藉口天色太暗，視力不佳，獨自散步太危險，硬拉著他一起走；老公生性害羞，怕人多，走出社區，來到人少的地方，他就自在多了。我還佯裝容易跌倒，得挽著他的手臂走路，這樣他就沒有拒絕的理由，走著走著，就能偷偷拐他到更遠的地方。

如果想出外旅遊，我會替他先報名，然後告知不能退費，老男人都很節省，只好就範。如果地點他不喜歡，不妨也幫女兒報名，請女兒當說客，只要女兒願意跟隨，老公大多會點頭。

所以說：想要另一半隨妳出門，還是得想些妙招，一起來試試看吧！

心語：夫妻之間的情調還是要有的，不要因為結婚太久了，
　　　就失去了情感的培育，適時的邀約、適時愛的表達、
　　　都是增添夫妻感情的方法。所謂：「情深似海」還是得
　　　慢慢培養的，就讓我們一起來努力吧！

22.前世與今生（前世情人和今生新娘的不同）

你相信前世今生嗎？這雖然有些離奇，但當我們遇見某些人時，總有些熟悉的感受，也許前世他們就與我們相識吧！俗話說：「十年修得同船渡，百年修得共枕眠。」老公照理說是我百年修得的姻緣，但相處時怎沒讓我體會出百年累積的情緣呢？

這不是我嫌棄他，而是每當我央求老公：「幫我看一下電腦怎麼當機了？」

他的回答一定是：「等一下。」但這一等就是好久，還要三催四請，他才肯移動身子。若去餐廳吃飯，我說：「吃條魚吧！」他肯定回：「這邊的魚不新鮮。」「那吃雞吧！」他這樣答：「這裡的雞很貴。」點盤空心菜，他會表示地瓜葉比較有營養，反正不管我說啥，他都持反對票就對了。

但對女兒可就不一樣了，好比昨晚，他問女兒晚餐吃小米粥可好？女兒說：「吃不飽。」他說吃牛肉麵呢？女兒答：「太油膩。」他又問那日本料理如何？女兒答：「生魚片太腥了」。那吃熱炒？女兒說：「常常吃，沒新意。」老公被惹毛了，怒聲問：「那要吃什麼？」女兒說：「吃義大利麵。」老公一個頭兩個大，提高音量表示那種西式的玩意兒他吃不慣，女兒便撒嬌：「吃東西也要有創意啊，如果墨守成規，不就太落伍了！」老公一聽只好認栽，成全了女兒。

還有更絕的，以前住在新北市的山上，因為社區公車不好等，我常常坐車到山下，再請老公開車來接，但他總是拖拖拉拉的，換成女兒要接送，他就很快速。當我問女兒怎麼那麼快就到家了，她賊賊地告訴我，要提早十分鐘打電話，

更重要的是要說手機快沒電啦！得此妙計，我如法泡製，但用了兩次就不靈了，我問老公：「怎麼那麼慢？」他說紅燈等很久，待我到家，看到電視還開著，就知道是怎麼一回事了。

　　看來在生活中我是敗給了他，他卻敗給了女兒，就像食物鏈，只能怪誰教我是他今生的新娘，女兒卻是他前世的情人呢？

心語：夫妻相處，有些時候，難以溝通的話，可以請兒女來
　　　幫忙，因為父母大多都是疼愛子女的，如果我們提出
　　　了一些正應該去做的事情，對方怠慢的話，不妨就藉
　　　由兒女的力量，這樣可以讓對方即時答應，所以說家
　　　裡如果有兒女同住，還真的是一件幸福的事啊！

23.家事誰來做？（家事由全家分配來做，就有參與感。）

看了「親愛的老公，我好累！」一文，深深的感到，如果職業婦女，在下班以後，還要回家洗衣、煮飯，的確是滿累人的。

而我家的家事，是採分工合作的方式，週一至週五，我負責買菜、煮飯，週六週日，由老公包辦，他雖然有時會賴皮，但能夠利用假日到郊外走走、散散步，並且上上小館，這也是挺有情調的，所以我也樂得輕鬆愉快，當然也就欣然接受了。

洗衣、曬衣、折疊衣服，並送到各房間去，是由女兒來負責；兒子負責飯前擺碗筷、飯後收碗筷、洗碗；老公負責倒垃圾，如果老公回來晚了，趕不上垃圾車，就由姊弟倆輪流倒。房子由於是透天厝，所以打掃是一人負責一層。剩下的花圃和洗車，就交給老公去處理。

所以家事的安排在我們家，也不是個問題。家庭裡的瑣事，不管是用怎樣的方法來完成，只要家人能夠互相的溝通、彼此的互助，那自然就可以營造出，一個良好的家庭生活。

心語：一個家庭，是由父母和兒女來共同組成的。所以家中的事情，最好是說清楚講明白，每個人都要有責任感和負責的態度，這樣父母不用太操勞，孩子也較有歸屬感，那何樂而不為呢？

24.病榻邊相守到老（美好的婚姻，可以作為兒女的楷模。）

鄰居王老爹在愛妻過世後，每天都拿著她的照片，默默流著淚，看在幾個兒女眼裡，實在不忍。

但每個孩子都忙於工作，除假日偶爾陪陪老爸外，事實上也無法趕走王老爹內心的孤單與寂寞。

想想王老爹也真是辛苦，另一半在三十五歲那年，因車禍導致全身癱瘓，成天只能臥在床上，一切家務事和教育孩子的重責大任，就落在他一個人身上，然而王老爹從不怨天尤人，每天除了料理三餐外，把老婆照顧得很好，王媽媽直到七十八歲逝世時，身上都沒有任何一個地方長褥瘡。

最令人佩服的地方是，王老爹從沒嫌棄過老婆，不但對臥床不起的愛妻情深不改，還照顧得無微不至，並常常告訴兒女：「媽媽在還沒發生車禍時，是全村裡最美麗的女人！」

王老爹的辛苦與深情，讓兒女心疼，想再為王老爹找個伴，但他說什麼也不肯，執意抱著老婆的照片入夢。

王老爹對妻子的愛，深深地打動了我。在劈腿事件頻傳的今日，像王老爹這種不離不棄的夫妻之情，真可謂是人間至愛。

心語：夫妻之間最可貴的就是夫唱婦隨，最讓人敬佩的就是：當夫妻任何一方生病時，另外一方，能夠在病榻邊相守到亡。這樣的愛情，足以證明，雙方感情的深厚，尤其是陪在病榻邊的伴侶，深情比酒濃，也映照出了倆人以

往婚姻的甜蜜與不捨。好的婚姻，事實上是可以成爲兒女的楷模，當他們在選擇婚姻時，就會有所警惕了。

25.美食當前（夫妻雙方一起做家事，即可增進波此的感情。）

外子與我相戀六年，而後結婚生子。外子有強勢的大男人主義，凡事都是他說了算，而我正好是那種嫁夫隨夫的傳統女人。

外子覺得男主外女主內，就算我有工作，家務事也不可怠慢疏忽，所以從結婚以後，我外出工作回來，家務事仍然是一手包辦，整天忙得不可開交，好不容易如今兒女都長大成婚，剩下倆老一對一的過日子，外子在公司裡曾任過主管，所以對我也習慣指多瓜畫葫蘆，如果我有意見，那就是爭論不斷，我試過無數次溝通的結果，仍是「無效」二字。

退休後原本想到各處走走，奈何疫情爆發，哪也去不了，外子只好獨自坐在家門前的湖邊，手持釣竿，一副姜太公釣魚，願者上鉤的模樣，怎奈一來艷陽高照水溫太高，魚兒不上鉤；二來正好有人在做工程，將池水放流，結果魚兒順水而流向別的農田，壓根釣不到魚。

外子在家踱步，感到無聊至極，在足不出戶的當口，我問外子：「可否幫忙做點家事？」外子扯著喉嚨說：「做什麼？」我說：「洗衣服。」他答：「不要。」我問：「洗碗？」他答：「沒興趣。」再問：「那打掃房間？」他答：「不願意。」那我就說：「我年歲已大，為夫的你總得幫個忙吧！」外子說：「好，那我來燒菜。」我一聽拍手叫好，一來我可以避免油煙的肆虐，其次是也可以落得輕鬆。

剛開始是我去買菜，外子埋怨我買的菜很難煮，不好吃，後來他和我一起去買菜，但他個子高動作快，他走一步，我

得小跑兩三步才跟得上，再說：我想買東，他說不行，我想買西，他嫌太貴，搞到最後，總是惹得一肚子的氣，還是得聽他的指揮。

最後我藉口說，我要打掃房間，由他自己作主，愛買什麼就煮什麼。煮完，我一定會說：「這毛豆炒豆乾好吃極了！這番茄、豆腐、青菜湯真是秀色可餐啊！」只要是褒獎他的菜色，以後這些菜就會時常出現在餐桌上，讓我不費吹灰之力，就可享受美食當前的喜悅。這還真的是我想都想不到的事啊！

心語：家庭生活是由倆個人所共同組成的。所以家務事最好
　　　能夠分工合作，如果對方選擇了自己所喜愛的工作，
　　　另外一方就要贊同，以避免爭端四起，夫妻之間偶兒
　　　也要稱讚對方的優點，說說悅耳的話語，這樣才能夠
　　　維持良好的婚姻生活。

26.有機的早餐是活力的來源（常吃有機蔬菜，是健康的泉源。）

老公自從在花蓮買了地，就自己養雞、種菜成了農夫，而我就成了名符其實的農婦，一早起床，他負責割草、種果，我就負責整理菜園，他養鵝、我餵雞，這樣的農村生活，也伴隨著我過了好多年。

由於老公注重健康，所以特別強調所有的農作物都要符合有機的原則，因此我們吃的和用的大多來自天然，不用農藥來促進蔬菜和果實的生長，幾隻土雞也讓牠們在農地上盡情的嬉戲奔跑，所有的排泄物就是最好的施肥原料。

老公常說：「早餐要吃得像皇帝。」所以很注重早餐的營養，我們吃的是自己做的堅果麵包，蛋是院子裡土雞生的蛋和菜園裡種的龍鬚菜，自己醃的鹹豬肉和自己滷的海帶結，加上七星潭的新鮮魚、素豆包和地瓜稀飯，飯後水果自然是庭外種植的芭樂和木瓜。哇，好豐富啊！因為老公強調營養的早餐，是一天裡活力的來源。

除此之外，最優的是我家餐廳往外一望，青山翠綠，花木扶疏，還有一片湖景，春、夏、秋、冬都有不同的景緻，看不盡的湖光山色，寧靜的窗景，滋養著我的眼睛，美景當前，秀色可餐，在這早餐的晨光裡，儲備了我青春的活力。

心語：吃有機的食物，的確會使自己的身體健康，尤其是自
　　　己種的蔬菜，不灑農藥，自耕自食，健康又安全；而
　　　早餐要吃得好、吃得健康，才是活力的泉源。有了健
　　　康的身體，幸福自然到來。

27.務農後，才懂耕耘真諦（想要怎樣收穫，就得先要懂得怎樣栽。）

　　以往總是羨慕務農之人，外子退休後買了農地，準備種點蔬菜、水果來自給自足，過著與世無爭的生活，但沒想到闢一塊地還得先請工人來搬石除草，才能一圓農夫夢。

　　過了一陣子，農地又長出一堆雜草，外子便買了一台背在身上的割草機，在農地上穿梭；一年過去，外子說背不動割草機了，又花八萬元買了一台自動除草機，雖然貴了點，但總算是解決了難以承受之重。

　　我在農地旁種了一些芭樂，看到一粒粒的芭樂長大了，但切開來卻發現：啊，裡面有蟲！後來，只要看到有果實生成，就趕快套袋並密封起來，不然果實還沒成熟，就會被鳥兒或蟲子捷足先登啦！

　　我在屋前也種了一些花，除了定期施肥灑水外，還得時時蹲在花圃裡拔草修枝，不然美麗的花圃很快就雜草叢生，呈現出枯枝爛葉的窘境。

　　以往在市場上看見綠油油的蔬果和美麗的花朵，就會覺得當農夫多好啊！有新鮮的蔬果可吃，有美麗的花朵可欣賞，等自己成了農婦，哎呀！才知道當農夫可沒那麼簡單！沒有辛勤的工作，哪有甜果可食？沒有悉心的照顧，哪有美麗的花朵可點綴園地？

　　所謂「種瓜得瓜，種豆得豆」，想要怎樣收穫，就先要怎樣栽，在這世界上還真的是沒有不勞而獲的事呀！

心語：務農後才知道當農夫，可不是那麼容易啊！但辛勤的
　　　工作，總有好處的，自己種的蔬菜、水果，甜美又芳
　　　香，自耕自食，一來吃得安心，二來又可健身，那何
　　　樂而不爲呢？

28.衝破婚姻的圍城（人生小小說）

　　昨晚淑華和男友昌明，在優美的樂聲中，共進晚餐，氣氛之好，令人心醉，這時昌明鼓起了勇氣，牽著淑華的手說：「淑華，妳嫁給我吧！」淑華震驚了一下，連忙縮回了手，那一幕心中的痛，似乎又呈現在眼前……。

　　「啪！妳說，妳說，妳還敢不敢頂嘴？妳說啊！妳說啊！……」爸爸粗暴的揪住媽媽的衣領，媽媽捂著發燙的臉龐，畏縮的躲在牆角裡。

　　每當爸爸喝醉了酒，就對媽媽拳打腳踢，她和妹妹總是靠在床沿，不敢出聲。這種全武行的演出，已不知有多少次了，在淑華的心中，也烙下了一個陰影，和深沉的痛。

　　爸爸原本生意做得很好，但因為應酬的關係，養成了喝酒的習慣，喝醉了酒，就對媽媽施暴，母親常常流著淚說：「不好的婚姻，痛苦萬分，不如不結婚的好。」但是每當父親酒醒之後，就會痛哭失聲，並跪下來求母親原諒，母親每次想到「一夜夫妻百日恩」，就原諒了父親，這樣的事情也反反覆覆的過了好多年。

　　媽媽也常說：「心裡就是放心不下她和妹妹。」有一次媽媽為此離家，但是後來被爸爸找到，卻變本加厲的責罵媽媽，這種事情讓出了社會工作的淑華，除了不時的安慰媽媽之外，也實在想不出更好的方法了。

　　如今昌明向淑華求婚，引起了淑華心中的猶豫，是結婚好呢？還是不結婚好呢？昌明以後會不會像爸爸一樣喝了酒，就變成了另外一個人？像爸爸那樣失去理智，而粗暴的對待自己？雖然此刻音樂優美，燭光迷人，但是對於婚事，

淑華仍然是猶豫不決的。

心語：父母的婚姻，如果不和睦的話，很容易會影響兒女結
　　　婚的意願；所以為人父母的我們，為了給兒女做良好
　　　的示範，平時與伴侶相處時，儘量避免在兒女面前爭
　　　吵，以避免兒女對婚姻存有不幸福的想法。所以說：
　　　為人父母的我們，夫妻相處，還真的是不可不慎重啊！

29.雲淡風輕（小小說）

　　芷若，從小就非常的內向、害羞，但是文靜的個性讓她在讀書方面，總是名列前茅，深受父母師長的喜愛。從國二開始，芷若從內心裡就非常排斥男生，從不跟男老師和男同學說話，也不敢正視他們一眼，有時還刻意躲得遠遠的，同學們都覺得她有點奇怪，但也都認為也許是她生性害羞吧！

　　這件只有芷若心裡知道的事，總是啃噬著芷若的心。

　　國二那年，由於爸爸肝癌住院，媽媽為了日夜照顧爸爸，不得已將芷若託付給夫妻倆最要好的朋友秦娟，有一個週六下午，秦媽媽因為臨時出外買東西，芷若在房間裡看書，可惡的秦哥哥，跑到了芷若的房間，玷污了她，那種被欺凌被羞辱的感覺，深深地刺傷了芷若的心。

　　秦媽媽回來後，買了許多好吃的東西給芷若吃，還送了一套美麗的外套給芷若，芷若看到秦媽媽熱心的招呼著自己，對於秦哥哥粗暴的行為一直說不出口，芷若對秦媽媽說：自己很想爸爸媽媽，就堅決的回到了醫院，陪伴在爸爸媽媽的身邊。

　　由於爸爸已是肝癌末期，再加上秦媽媽幾乎每天都來幫爸爸媽媽的忙，這種事情若說出來，這兩家的友誼似乎就決斷了，芷若想想還是不說的好，直到爸爸過世，秦家幫了很大的忙，芷若想說出口的話，就如石沉大海，是再也說不出口了。

　　芷若將所有的心思放在功課上，高中畢業後，考上了一流的大學，在大一時，班上有一位男同學一直追芷若，但是芷若想到那位男同學有著和秦哥哥一樣黝黑的膚色，內心裡

就是抗拒。唉，總之不好的記憶，在芷若的心中是揮也揮不去。

　　直到大四時，漢民來追求芷若，芷若不敢接受，怕心中的瘡疤被揭曉，剛開始也是躲得遠遠的，直到漢民服完了兵役還不死心，芷若被漢民的誠意感動。

　　芷若終於將心中的秘密說了出來，想不到漢民不但沒有拂袖而去，還摟著芷若說：過去的就讓它如一陣風歸去吧！以後我會好好的愛護妳的。芷若聽了感動得流下了眼淚，這顆壓在心頭多年的大石，總算是落了底，芷若解開了心結，心中感覺輕鬆多了，就這樣芷若接受了漢民，和他步入了禮堂。

　　夜深了，芷若看著熟睡中的漢民和兩個可愛的孩子，深深地吸了一口氣，這些年來漢民對她真好，少女時的疑慮一掃而空，幸福的笑意，蕩漾在整個心裡。

心語：年少時，有時不好的記憶，的確容易留存在腦海裡，
　　　趕不走又揮不去，更會影響了整個人生。還好文中的
　　　漢民，用真心感動了芷若，能夠與漢民結為連理，共
　　　組了家庭，婚後生活甜蜜，還生了兩個可愛的孩子。
　　　所以說：真心不怕火煉。只有真心誠意地去追求幸福
　　　的婚姻，到終才能覓得伴侶，攜手並進，邁入幸福的
　　　園地。

輯二 婆媳和樂小秘訣

　　記得剛結婚時，我由父母親的女兒，剎那間變成了婆婆的媳婦，內心的確有一些惶恐與不安，首先在生活習慣上就大不相同，娘家的早餐是喝牛奶、吃麵包，婆家的早餐吃的卻是稀飯和麵條；娘家教育我們的方式較為開放，婆家對待孩子的態度就較為嚴謹。想想一個女孩子初初嫁到夫家，的確會有些適應不良。例如：想吃什麼從來就不敢開口講，想出去玩一定得把家事做好再出門，晨昏定省不能少，即使假日想回娘家最好也要先編個理由，還好在愛情的感召下，所有的困難都可以迎刃而解。

　　由於我嫁到夫家時，公公已往生，婆婆很倚重先生，為了尊重婆婆，我們去哪都會徵求婆婆的同意，或是一起前往。一開始，我以為回娘家婆婆不會想去，沒想到邀約一起共餐後，親家們相談甚歡，這卻是我始料未及的。婆婆很會做菜，每每做完菜自己不吃，卻盯著看我們吃，剛開始我感到很奇怪，心想莫非婆婆怕我們吃太多，當我正感納悶時，沒想到婆婆卻表示，她看我們吃，是想知道我們比較喜歡吃哪些菜，下次就可以多做一些。直到現在，即使我們已經沒住在一起了，但是每次回婆家，婆婆都會將我愛吃的菜餚打包回家繼續享用，而每個月我為婆婆準備零用金，並雙手奉上，但婆婆總是一再推辭，並說：「你們的小孩子要出國深造花費比較大。」最後還是因為我的堅持才收下。

婆婆教育孩子很嚴謹，但對孫子孫女卻比較寬容，我們在教育的理念上稍有不一樣的看法，這也是婆媳之間較為爭議的地方，還好婆婆明理，最後總會說：「自己生的孩子還是自己管教比較好。」遇到節慶，有時送婆婆禮物總是難獲她的歡心，不是嫌太貴，就是說式樣太新潮，最後想個法子，送個禮券自然就皆大歡喜了。

　　婆媳之間的相處，如果彼此都能夠保有感恩的心，那任何的不愉快，終能化干戈為玉帛，相互之間將永續著這段情緣。

婆媳相處不過招，只有真心誠意的相處，彼此寬容的對待，才能擁有幸福的生活。

1.說話的藝術（良言一句三溫暖，惡言一句六月寒。）

　　由於人格特質的不同，每個人傾聽語言的感受也不一樣。一句話說出口，對某甲來說，也許無關痛癢；但對某乙來說，就耿耿於懷。婆媳相處，最要注意的，就是──不嚴詞以對，不出口傷人。

　　雖然有些人認為：一方是直腸子，無惡意；另一方則是刀子嘴，豆腐心，何必太計較？但是語言的傷害，很容易造成心中的傷痕。所謂：「良言一句三冬暖，惡言一句六月寒。」惡言如冰霜，良言如暖冬。同樣是一句話，說出口時，都要三思，小心謹慎，以免傷到他人，造成彼此心中的陰影。

　　說話是容易的，但也是最不簡單的。說得不中聽，也許就在無意中傷害了別人；在婆媳之間，維繫良好的關係，說話的技巧，的確是需要學習的。

心語：語言的表達，總是代表著內心的想法，但出言不遜，
　　　容易造成對方的誤會。尤其是婆媳的相處，更要注意；
　　　「良言一句三冬暖，惡言一句六月寒。」這也是婆媳
　　　相處時，最重要的一環。

2.別忽略了小小的溫柔（真誠的邀約，讓對方感受到妳的溫柔。）

兒媳不住在一起，已兩年多了，婆婆總是想念得多，不是擔心兒子媳婦的健康，就是掛念孫子、孫女是否乖巧？每逢假日婆婆想去兒媳家，又擔心兒媳正在為工作、為孩子忙碌，可能希望有個輕鬆的假期，想看看孫子、孫女，又擔心孫子、孫女，看到爺爺奶奶不是撒嬌，就是嚷著要玩，不好好的做功課，細心的婆婆每次即使有一顆想探望的心，也會因此而作罷！

這時媳婦如果能夠在假日，主動邀請婆婆來家裡共度假期，那是再好也不過了！若擔心婆婆會不好意思，媳婦則可以藉著家人成員的生日，邀請婆婆來作客，也可以假借先生最近出遠門剛回來，就邀請婆婆來洗塵，也可以假借孩子剛考完試，想輕鬆一下，請奶奶來吃頓晚餐，甚至是自己包了水餃、煎了蛋餅，也不妨邀請婆婆來品嚐。

雖然兒媳準備的並不是什麼山珍海味，只是一些粗茶淡飯，一點家常小菜，這分甜蜜的邀約，小小的溫柔，卻能夠溫暖婆婆的心。

心語：婆媳相處，彼此真誠的邀約，總會讓對方心存感激。
　　　即使相聚時只是吃些粗茶淡飯，並非是山珍海味，但
　　　邀約的誠意，往往容易感動對方的心，這樣熱誠的相
　　　約，也的確會增進彼此的感情。

3. 想想對方的優點（婆媳發生了爭執，要多看對方的優點化暴戾為祥和。）

一個家庭裡，難免有發生不愉快的時候，一旦發生了不愉快，婆媳之間究竟要站在什麼樣的角度來看事情呢？這是一個重要的關鍵。

如果夫妻之間，不幸發生了暴力事件，最擔心的就是當兒子打罵媳婦時，婆婆不但不勸解，還在一旁說：「如果是以前的話，這樣的媳婦，早就……」等，那做媳婦的就更加的難過了。

萬一當兒子不孝順父母時，媳婦不但視若無睹，不加開導，還加油添醋，徒增父母的感傷，那麼天下就大亂了，婆媳之間的戰爭，也就永遠沒完沒了。

所以如果一旦發生了事故，婆媳都能夠了解實情，多說對方的好處，誘導對方，多感恩、多感念，那麼原本火爆的場面，也許就由於您們的美言，而避開了一場不必要的動粗和爭吵。

即使任何一方不對，也請婆媳雙方為了家庭的和諧，息事寧人，多看對方的優點，誠心檢討，了解實情，化暴力為祥和。這是婆媳之間不可輕忽的一面，也是當前重要的課題。

心語：婆媳之間有了衝突，要站在對方的立場，去思考問題。多懷感恩的心，多思考彼此的優點，一切的不愉快，就可迎刃而解，避開不必要的爭吵了。

4. 了解波此的心（了解對方的心，波此較能接納。）

　　婆媳居住一室，多多少少可以從日常生活中，來了解對方的喜好。如果婆婆比較節省，在生日節慶時，包個紅包送她，婆婆一定歡喜；如果婆婆喜歡打扮，不妨在年節時，送一些衣物飾品，來討婆婆的歡心。如果婆婆喜歡一些具有家鄉味的小點心，有機會時不妨帶一些回來，請婆婆品嚐。那麼，婆婆自然會在您細心體貼的溫柔下，接納您的。

　　如果婆婆也能夠從日常生活中，來了解媳婦喜歡吃的菜餚，偶爾特地在媳婦生日時，也做上一兩道媳婦最愛吃的菜，讓媳婦雖然身在婆家，也能享受到在娘家時的溫暖。平時幫助媳婦料理家務，照顧孩子，減輕媳婦的負擔。那麼，婆媳相處起來，自然氣氛就融洽多了。

心語：婆媳相處，適時對婆婆表現您的關懷和貼心，自然容易得到對方的歡欣，所謂：「識時務者爲俊傑。」就就是最好的寫照了。

5. 擺脫小女兒的心態（人格上的獨立，有助於心理上的成長。）

　　有些人常常在想：如果我把婆婆當成我的母親，婆婆把我當成她的女兒，是不是就可以相處無虞，永不起爭執？其實，我們應當認清一個事實：當您從出嫁的那一天起，就已為人妻，為人媳，就要有負起承擔重任的心理準備，不再是依賴、任性的小女兒心態。人格上的獨立，將有助於您心理上的成長。

　　如果您在娘家時，有貪睡的習慣，與婆婆同住時，也許婆婆就不能接納。如果婆婆把您當作女兒般的大吼一聲；「太陽曬到屁股了，都還不知道起床！」您聽了，心裡也許很不是滋味。

　　因此，當您結婚後，就要有「婆是夫母親」的認知，要處處尊重她，在行為上的所言所行，要有所警惕，更不要為所欲為，以免發生不愉快。

　　如果能秉持著「婆是夫的娘，我是婆的媳」的觀念，好好的以禮相待，尊敬婆婆，自然就奠定了美好婚姻生活的第一步。

心語：婆媳相處，如果彼此都能夠為對方著想，多些體諒少些挑剔、多包容、少苛責，自然能夠和睦相處，奠定美好生活的的第一步。

6.疼某換來孝順媳（對老婆好，自然會得到孝順的媳婦。）

　　對門的林老太太，有一天來我家聊天，談到她的媳婦，對她非常的孝順，平時除了打電話噓寒問暖之外，遇到了假日，就會攜帶兒孫回來相伴，有時大夥兒就在家聊天說笑，有時就到鄉間郊遊，非常快樂。每當我聽到林老太太談起兒子、媳婦、孫兒時，臉上不由得洋溢著幸福的光芒。

　　我也認識林家的兒子和媳婦，他們因為工作的關係，住在桃園，但是每個假日，幾乎都會回來陪伴林老太太，我時常在散步時遇見他們夫妻倆，也會寒暄一番，林太太除了託我平日幫忙照應林老太太之外，也會笑咪咪的和我閑話家常，我從談話中了解林先生對林太太非常的體貼，由於都是上班族，下班後會主動的幫忙林太太做家事，像洗碗、拖地、倒垃圾、照顧小孩……等等，平時也很尊重林太太，家裡有什麼事情都會彼此討論，雙方家庭有什麼困難，也會提出來共同解決，像林先生的岳父做生意，一時周轉困難，就是林先生慷慨解囊，才得以解決困境；林先生的妹妹出嫁，一切的繁文縟節，也都是林太太張羅打點的；這對親家就像一家人似的，彼此互相幫助，總而言之，林先生對林太太是尊重、體貼、擔當和彼此分享，所以他們夫妻倆的婚姻生活非常的甜蜜。

　　我在想：鄰居老太太，時常誇讚媳婦體貼孝順，那一點一滴的讚譽，應當也是來自於林家兒子一點一滴的對林太太的好所累積的吧！所以說：想要自己的太太，來孝順自己的媽媽，男人是否要先對自己的太太好，太太感恩在心，對自

己的婆婆自然就百依百順，孝順有加了。

心語：想要婆媳相處和諧，做先生的要多疼愛太太，不時的
　　　幫助太太做家事，體貼老婆，老婆自然會對自己的母
　　　親孝順，只有婆媳之間，相處和諧，才能創造出幸福
　　　快樂的婚姻生活。

7. 送婆婆愛的禮物（送婆婆需要的禮物，才是不錯的選擇。）

　　婆婆寡居多年，個性上比較拘謹、嚴肅，尤其自公公去世後，就再也沒有見她擦過粉，抹過唇。

　　去年冬天，婆婆曾抱怨風吹在臉上，總覺得臉上刺刺的有點痛，我想一定是太乾了，於是買了面霜送給婆婆，她當時非常高興，覺得有人疼惜她、關愛她了，而且婆婆在使用後，臉部的疼痛也改善了不少，她心裡就特別的高興。

　　婆婆只有三個兒子，沒有女兒，通常兒子都粗心大意，哪裡知道媽媽需要什麼，我們雖然按月給婆婆零用錢，但是婆婆生性節省，總捨不得將錢花在自己身上，我只不過是知道她的需要，去買來送給她而已，竟然就讓她非常得高興。

　　所以說為人子媳的，只要瞭解老人家的需要，適時表達心中的關切，不僅老人家歡喜，老公看了也高興。

　　在這母親節將要來臨的時刻，除了祝福天下的婆婆媽媽快樂外，送上婆婆或媽媽需要又實用的禮物，那將是一個不錯的選擇。

心語：婆媳相處，平日要多關心對方的喜好，適時的表露自己的關心，讓雙方都能感受到彼此的愛戴，那相處起來就不是件困難的事了。

8.同等的對待（婆婆秉著公平的原則，才能獲得媳婦的心。）

當一個婆婆在對待一個以上的媳婦時，必須要公平以待，就像老師對待每個學生一樣，不可以偏私。可惜的是，有些婆婆可能會以媳婦的家庭背景、才能和自己的所愛，來對待不同的媳婦，因此妯娌之間，往往會因婆婆的大小眼而弄得水火不容。

有些婆婆的個性是「欺善怕惡」，哪個媳婦大聲，就讓誰；哪個媳婦聲音小，就要求多些。這樣看在媳婦的眼裡，會覺得婆婆不公平，那麼婆媳之間一定難以融洽，因此婆婆在兩個以上的媳婦面前，何不隱藏所愛，同樣的對待，同樣的相對，不再以自己的直覺來行事。

畢竟，時代已不同於以往，女性自我意識高漲，再加上已有獨立謀生的能力，多半不願再受婆婆的輕視與擺布，已往傳統婆婆無理要求媳婦的模式，已漸漸的不適用了。

開明的婆婆不如都用尊重與配合的態度，來協助媳婦的所需，對於每個媳婦都如自己的女兒一般，不自定家規，認為大媳婦一定要讓小媳婦，或者是小媳婦一定要讓大媳婦；媳婦之間應當處於平等的地位，遇事不偏袒任何一方，一視同仁。媳婦看在眼裡，才會覺得婆婆處理事情公正、公平，而心生尊敬；婆婆也才能贏得媳婦們的心。

心語：婆婆對待不同的媳婦，如果能夠秉持著公平的原則，
　　　自然就能夠避免，不必要的紛爭，減少婆媳之間的衝
　　　突，間接的也能改善妯娌之間的相處，才能營造出一
　　　個和諧的家庭生活。

9.從排斥到接納（婆媳相處要包容與接納，才能有美好的生活。）

　　剛結婚時，由於婆婆已經喪偶，情緒總是難以捉摸，我雖時常戒慎恐懼，小心翼翼的行事，但總是無法獲得她的歡心。婆婆嚴厲又節省，有時我也會覺得自己很無辜。例如，買了生日禮物送她，她嫌買得太貴；請她外出吃飯，她嫌太浪費；請她看電影，她說沒興趣；請她外出郊遊，她又說太熱……舉凡我做的點點滴滴，都不能博得她的歡心。更有甚者，孩子長得不好的地方，都說像我娘家，所有的聰明才智都歸於夫家，有時內心真是有說不出的沮喪和心傷。

　　但為了維繫夫妻之間的感情和家庭生活的完整，我總是默默接受她的言語,從不反駁,忍氣吞聲的過了一年又一年。直到有一年我生了一場大病，才覺悟到，有許多事情，如果不表白自己的立場，一直隱忍在心，是會悶出病來的。從那次生過大病之後，我修正逆來順受、百般容忍的態度，學著勇敢且正確的表明自己內心的想法；漸漸的，婆婆也有了改變，她學會傾聽，也懂得考慮我的立場和接納我的想法。

　　如今孩子相繼出生，我也搬離了婆家，但是我會按時奉上生活費，按時打電話問候她，定時請她來家裡小住。家裡有人生日時，也會請她來吃飯。當然，她過生日我還是會送禮物，現在我已經知道婆婆的喜好，就是送一些實用的物品或折合現金來替代，如今她也能欣然接受了。如果我回夫家時，婆婆也會準備一些我喜歡吃的香菇、竹筍、青菜等，讓我帶回來吃。

　　經過了埋怨、氣憤，終至諒解、接納，這一路走來，有

甘有苦，但我深深的感受到，婆媳之間的相處一定要真誠以待，彼此溝通、諒解、包容和接納，才能營造出美好的家庭生活。

心語：婆媳之間相處，貴在彼此的包容與接納。也許在相處時，有些不滿或是有些誤會，最好都能藉著寬闊的心胸來接納一切。只有打開寬闊的心胸，往彼此的優點望去，將不滿的情緒，化為雲煙；用開朗的心胸，來迎接朝陽；那一切就可以迎刃而解啦！

10.將心比心（婆媳之間如果能互相體諒，那也是增進感情的方法。）

　　剛升格為婆婆的王姓鄰居怒氣沖沖的告訴我：「以後叫你兒子不要娶太太了，現在的女人，讀了一點書，就不做家事的。」

　　我輕聲的問她怎麼一回事啊？她告訴我，昨天他去了兒子家，看到兒子一會兒燒飯，一會兒洗衣的，媳婦卻坐在一旁看電視。她實在是氣不過，現在女人是怎麼了？讀了一點書，就可以不用侍奉老公，想起當年，她為人妻、為人媳時，是多麼的克盡職責。

　　我問她，是不是媳婦不舒服？或者是上班太累了？她哼了一聲說：「哪知道哇！」

　　第二天，我看到王家兒子與兒媳，手挽著手，有說有笑的去上班了。其實，只要夫妻倆感情好，相親相愛，誰做多一點，誰做少一點，那又何妨？開明的婆婆最好丟掉傳統的刻板包袱，不要一味的要求媳婦，要如何孝順公婆，要怎樣的事奉老公。時代不同了，表達的方式也許和以往不一樣了，年輕人有年輕人的想法，只是不要太過分就夠了。再說，夫妻都在上班，誰下班早，誰就先做飯、先洗衣，其實也都無可厚非。千萬別要求女婿要多幫忙女兒做家事，卻不允許兒子幫媳婦分擔家務。再說婆婆、媳婦都是女人，女人何必為難女人呢！

　　只要家事有人做，誰做的多，誰做得少，那就甭操心了。

心語：夫妻能夠和睦相處，共組一個家庭，就是最好的寫照。
　　　 為人婆婆要能體諒媳婦的辛勞，夫妻共做家事，相互
　　　 合作，只會添增家庭的幸福感。做婆婆的要拋棄傳統
　　　 的觀念，讓兒媳在日常生活中，彼此關照，共同理家讓
　　　 家庭永遠幸福。

11. 真誠的關心（說話的技巧不佳，容易造成誤會，所以也是必修的課程。）

我的一位同學埋怨的說：無論她做什麼，婆婆都要過問，連冰箱裡短少了巧克力、米糕之類的食品，也要過問，為此她非常的生氣。

我告訴她說：如果妳換一個角度來看，也許就不會那麼生氣了。譬如：婆婆當家，看到什麼食物沒有了，表示那種食物的「銷路」很好，或者是妳比較喜歡吃，以後就會多加添購，那不也是婆婆的一番心意嗎？

如果婆婆很關心媳婦在食物上的喜好，在詢問媳婦時，語氣可能要稍微緩和些，以免溝通不良，產生誤會。如果發現巧克力、糕餅之類的食品沒有了，不妨說：「咦！這類的食品，我們家的人好像滿喜歡吃的，下回要多買一點。」這時，做媳婦的聽了，一定會感到溫暖在心頭。

有時候，一句話表達技巧不佳，往往容易造成說者無心，聽者有意的情形，而引起不愉快。所以在婆媳之間，說話的技巧也是一堂必修的課程，您以為呢？

心語：婆媳相處，說話的技巧很重要。切勿出言不遜，避免引起誤會；一句話的表達，如果是關懷對方，那自然容易引起對方內心的感恩；如果表達不明，就容易造成彼此之間的誤會。所以彼此之間的對談，也是有必要學習的。

12.互信是安家之寶（親家之間互存感恩的心，自然能夠營造美好的氣氛。）

　　一個家庭的和諧氣氛，有賴於婆媳彼此之間的包容與信賴。當媳婦送給婆婆一枚戒指時，婆婆心裡不要想：「不知道媳婦送給她媽媽的戒指，是不是更大的？」當婆婆出國帶回來禮物送給媳婦時，媳婦不要想：「不知婆婆送給小姑的禮物是什麼？會不會更好？」

　　如果彼此都這樣猜疑的話，日子久了，自然容易引起誤會，造成不必要的衝突；親家之間也不要比較，婆婆埋怨媳婦比較親著娘家，或感嘆兒子對媳婦的父母比對自己好。其實兒子孝順岳家父母是應當的；女兒親著娘家也是自然的。做媳婦的理當孝順父母，在婆家的基本禮數，當然也是不能免的。

　　如果親家之間，都能和睦相處，在來來往往之間，不要比較誰付出得多？誰付出得少？存有感恩的心，自然能夠相處得很和諧，很愉快，那不是很美滿嗎？

心語：婆媳之間的相處要能相互的信賴與包容，過多的要求，只會造成彼此的誤解，而拉遠了相繫的距離。親家之間也不要相互比較，以免造成媳婦的困擾，增添不必要的誤會；親家之間彼此包容就可以拉近兩家的距離。

13.給波此一點空間（接受波此的情緒，亦是相處時重要的一環。）

　　每個人都有情緒低潮的時期，有些時候，即使心裡有事，也寧願自己講，而不喜歡被別人頻頻追問。有些婆婆不喜歡媳婦獨自出門，看到媳婦一人出門，就會追問著：「去哪兒啊？什麼時候回來？」做媳婦的心情好時，就會一一的回答：但是如果碰到心情不佳時，媳婦心裡就會嘀咕著，而不願意回答，造成一些尷尬的場面。

　　如果婆婆出門時，沒有交代清楚，全家人等不到婆婆回來吃晚飯，也容易引起不愉快。因此婆媳之間要有一個共識，無論去哪兒，最好先交代清楚，並且告知回來的時刻。

　　人是有情緒的，心情不好時，並不希望別人多問。婆媳之間最好能夠了解這一點，接受彼此的情緒，互相尊重。婆婆可以做婆婆想做的事，媳婦婚後仍可擁有她婚前的工作和友誼，彼此保有適度的行動自由，相信對方，接受對方，不談對方不想說的話題，傾聽對方願意說的內容。相信在婆媳的相處之間，尊重接納和傾聽也是重要的一環。

心語：每個人都有心情不佳的時刻，尤其是婆媳之間，更要有察言觀色的本能。如果對方心情不佳，切勿追問對方不想說的話題，而頻頻追問；只有在彼此尊重與包容的前提下，讓對方自己說出，才不會造成雙方的困擾。

14.請妳記得她的好（如果能夠多看別人的優點，忘卻缺點紛爭自然會減少。）

　　婆媳相處之間，最好能只記得對方的好，而忘卻對方的錯。人非聖賢，難免會有做錯的時候，以「嚴以律己，寬以待人」的態度來接受對方，是維繫婆媳和諧不可輕忽的。

　　人類最大的敵人，莫過於自己，我們往往容易看到別人的錯，而忽略了別人的好；也容易看到自己的好，而忽略了自己的錯。如果能夠忘卻自己的付出，能多記得別人的恩惠，時常想到對方曾經為自己付出的一切，而能平息自己心理上的不平衡和不愉快，又何嘗不是心靈境界的提升？

　　如果婆媳之間，彼此只求自己付出，以本分行事，本著「嚴以律己，寬以待人」的信念，那麼婆媳之間，就可以少一些紛爭了。

心語：「人無千日好，花無百日紅」沒有人是十全十美的。所以我們對人要多些諒解、少些埋怨，多看別人的好處，自然就容易包容別人。尤其是婆媳相處，更要往好處去思考，這樣彼此才能接納對方，以減少雙方起衝突的機會。

15.不計前嫌（婆婆照顧兒孫，只要他們幸福，就別計較。）

　　不管婆媳間曾經發生了多少的衝突、受到了什麼樣的委屈，當彼此再相遇時就珍惜這片刻相處的時光吧！做媳婦的可以想到，如今婆婆還能夠健健康康的與自己相處，不怕勞苦，有時還會幫自己處理家務，和照顧兒孫，沒有功勞也有苦勞；如此想自然就寬心多了。

　　做婆婆的也可以想：雖然媳婦有些任性、刁蠻，不聽使喚，但是想一下自己的女兒，不也是如此嗎？在鄉下現在有媳婦還願意照顧自己的兒子，給他一個完整的家，為他帶來可愛的兒女，給他一份安全感，讓兒子無後顧之憂；勇於從事自己的事業，這些卻是自己無法給予的，那麼所有的不愉快，自然就消失無影了。

　　身為母親的，誰不希望看到兒女家庭幸福？只要兒子媳婦幸福，就要不計前嫌，攜手並進，才會為未來，共同的努力。

心語：人總是沒十全十美的，尤其婆媳相處，只要媳婦將婆
　　　婆當作自己的母親來尊敬；婆婆將媳婦當作自己的女
　　　兒來疼愛；彼此相處在一起，想到的都是對方的好處，
　　　隨時想到對方疼惜自己的事蹟，那所有的不愉快，自
　　　然就能夠迎刃而解，共度美好的時光。

16.句句嘮叨都是愛（其實有些話語都出自於愛，所以別介意。）

有時候，我們可以聽到媳婦埋怨婆婆太嘮叨，婆婆覺得媳婦不受教。如果大家能夠開放心靈，退一步想，您會發覺：其實那些話都是出於「愛」，只是彼此領會的心不同罷了。

比如說，以往的傳統，都是母親餵母乳，孩子一哭，母親就授乳；現在的母親大都是餵牛奶，有些孩子胃口大，不到四個小時，就餓得哇哇大叫。有些做祖母的聽了不免心疼，希望媳婦趕快沖牛奶餵小孩，做媳婦的卻堅持四個小時才沖奶，這樣在觀念上就起了衝突。如果媳婦想到婆婆的緊張、不安，完全是擔心孫兒挨餓，這樣就可以看到隱藏在嘮叨後的深愛。如果做媳婦的還要堅持自己的想法，可以婉言告訴婆婆，醫生說餵食幼兒要定時定量，而不是執意抗言，讓婆婆覺得您違背了她的好意。

如果婆婆認為青菜放味素比較好吃，媳婦不妨表示，先生比較喜歡原味，可以少放一點；如果婆婆認為您浪費，您可以想婆婆是希望您們謹慎理財，早一點購屋置產；如果……您覺得連家人的穿衣、買菜等方面，婆婆都會有意見，也請聽聽婆婆的經驗之談，因為，婆婆的句句嘮叨都是愛，往好的一方面來想，她都是在為我們好啊！

心語：人與人相處，貴在相知。婆婆常常運用自己的經驗，來要求媳婦照自己走過的路而行。但現在醫學發達，醫生認為並不是誰家孩子，長得胖就是健康；而吃食物也要定時定量，才是健康的原則。婆婆一聽孫兒哭

泣，就以為他餓了，這時想法不一，做媳婦的要溫柔的解釋，化爭執為祥和，自然是促進和諧的第一步。

17.擴展視野繼續成長（彼此吸收新知，不斷成長以拉近距離。）

　　這是一個知識爆發的時代，每個人都希望自己活在快樂的學習成長中，如果停頓下來，就會退步，也就應了「學如逆水行舟，不進則退」的老話。

　　年輕人需要成長，年老的人也需要成長。成長的方式很多，學習的情境也很廣，即使出國旅遊，擴展視野，看看各地的風俗習慣，多參加成長團體，或是繪畫、寫作、閱讀書籍，也是一種學習，一種成長。

　　如果媳婦不斷的吸收新知，不斷的進修，婆婆不妨利用閒暇之時，多聽聽廣播，多閱讀書籍，來增加自己的見聞。如果婆婆仍在上班，仍在進修，媳婦也不要整天只在料理三餐，而忽略了成長與學習。您可以利用看電視來學習課程，或是學習一些插花、陶藝的技巧，或參加親職教育方面的成長團體來充實自己。不然婆媳相處時，很可能會發生談話內容不一，而難以溝通的情形。

　　所謂：「話不投機半句多」，如果雙方都有很多話題，而不只是說些閒言閒語，能夠擁有共同的興趣和談話內容，甚至是理想，就更可以拉近彼此之間的距離了。

心語：婆媳相處，最好是能夠有共同的話題。所謂：「話不投機半句多」，如果雙方連談話都談不攏，想要和平相處，也非易事。
　　　所以雙方都要找時間來充實自己的所好；彼此之間相處，才能暢談甚歡，那自然就可以促成一個快樂的家庭。

18.勇敢的打開心結吧（突破心結，想出解決的方法。）

　　有人問我說：「如果都像您說得那麼好，那麼婆媳之間，早就沒有問題存在了。」事實上，每位婆婆的個性不同，背景不同、處境不同，那該怎麼辦？這還真是個問題。畢竟人與人不同之處，就在於人格、價值觀、生長環境和生活背景的不同；也就因為有那麼多的不同，所以想法、做法也就不一樣，那要怎麼辦呢？

　　有一位朋友時常告訴我，她的婆婆是位寡母，夜裡常常就會進房間來為獨子蓋棉被，使她覺得壓力很大，每天提心吊膽的過日子，不知該怎麼辦才好？

　　我告訴她說：也許是因為她們剛結婚的關係，婆婆全心照顧兒子的習慣還未改過來；或是婆婆把她們都當成了自己的兒女看待，心裡總是不放心，所以才會在夜裡到她們房裡來探望，如果情況不是很嚴重的話。建議您不妨生個小孩讓婆婆帶，使婆婆在心理上有個依附，自然就能夠轉移目標，不再專注於獨子的一言一行了。

　　如果情況非常的嚴重，影響了夫妻的關係，也需要把心裡的焦慮說出來，讓先生想想，是否能夠在住家附近租房子，或是買一棟房子，以便安撫妻子之外，也可以就近照顧母親。

　　有些事情是不能視而不見，必須尋求解決之道。如果一昧的逃避、敷衍，那些長久累積不滿的情緒，很容易會成為日後爭吵的導火線，那麼良好的姻緣，是否就要打折扣了呢？勇於突破心結，想出解決問題的方法，也是婆媳相處中，重要的焦點。

心語：婆媳相處，有些事情如果會影響到夫妻的感情，還是
得想出解決的方法；以免得小事累積成了大事，彼此
夫妻之間喪失了珍貴的夫妻之情，凡是遇到困難，更
要有突破困難的決心，才能使夫妻的婚姻，歷久不衰。

19.何妨保有一點堅持（婆媳相處給予對方一些堅持，也是尊重。）

　　生命誠可貴，自由價更高。如果您與婆婆同住，內心深處感到有一些束縛的話，不妨給自己一點堅持，以保有自己的獨立空間。如：信件不希望有人拆閱，育兒的方法不希望有人過問等。這種屬於個人私有的事情，不妨坦白說出您的心願，擁有一點堅持。

　　如果當婆婆的喜歡清靜，喜歡過著閒雲野鶴的生活，雖然婆媳共居一室，她也沒有義務非要帶孫兒不可；她也可以擁有自己的堅持，讓自己擁有一些堅持，這只不過是一種對對方的尊重。在未得到對方允許時，不拆閱對方的信件，以尊重對方。您體諒婆婆喜歡清靜而不想帶孫兒，用這份體貼的心，來接納對方，就是一種彼此的尊重。

　　如果在相處的日子裡，婆媳都能擁有一點兒堅持，並給予對方一些伸展的空間，相信您們會相處得更好。

心語：人生就是如此，當您願意付出，自然就容易得到收穫。婆媳相處也是一樣，要彼此包容，多站在對方的立場去思考問題，讓彼此保有自己的堅持，那就是一種尊重。

20.夫妻同心突破障礙（當婆媳之間有衝突時，先生最好能婉言勸解婆婆。）

　　唇齒相依，難免有咬傷的時刻。尤其當媳婦有了小孩後，教養孩子的看法，最容易造成婆媳之間的爭執。

　　當婆婆的，總以經驗豐富為由，企圖說服媳婦，放棄她所謂的「新」教育方式。如果婆媳間有這方面的困擾，做媳婦的不妨請先生出面，婉言勸解婆婆，接納妻子的做法。當婆婆也要有寬容媳婦的雅量，尊重媳婦的教法。所謂「自己的兒女，自己養育」婆婆如果能想通這一點，就比較能夠接納。如果一味要求兒子、媳婦，一定要遵照自己的方式來帶孫兒，自然容易引起親子與婆媳間的不愉快。

　　在美滿婚姻的過程中，養育孩子需要夫妻同心，把握住些許的原則，這也是解決問題的良方。

心語：當婆媳對於孫兒教育的想法有所不同時，最好能夠尊重媳婦的教法，別堅持自己的教育方式；因為每個時代的教育觀念不同，無須為了孫兒的教育引起不快，再說：「兒孫自有兒孫福」就打開心胸，開闊的接受吧！

21.真心誠意看對方（婆媳相處貴在真誠）

　　婆媳相處，貴在真誠。雖然有人說：「老人家喜歡聽好聽的話，哄一哄準沒事。」但是對於自己所說的話，一定要去實行，否則就不夠真誠。一個不真誠的人，怎麼值得別人信任呢？因此真誠的心，在婆媳相處中，是非常重要的。

　　婆媳相處，猶如牙齒和舌頭；牙齒難免會有不小心咬傷舌頭的時候。有時我們會希望對方能夠照著自己的意願形行事，但往往無法盡如人意。如果能夠真誠的表露您的看法，委婉的講出您的做法，這樣總比自己獨斷獨行要適合，彼此也比較能夠接受對方的言行舉止。

　　當媳婦有缺點時，婆婆最好能夠把媳婦當作自己的女兒來看，心中想：「別太在意了，自己女兒也會這樣。」當婆婆有缺點時，媳婦也要能夠把婆婆當作是自己的媽媽來看，心中想：「沒關係，我媽媽有時也是一樣。」如果雙方都抱持著「真誠的心」那麼婆媳之間，還有什麼事情不能化解的呢？

心語：「人無千日好，花無百日紅。」沒有一個人是十全十美
　　　的，尤其婆媳相處，更要有寬闊的心胸，來接受對方
　　　的短處。如果一味的要求她人，寬待自己，難免造成
　　　彼此心靈上的困擾；只有真心誠意的對待雙方，才能
　　　締造出美好的生活。

22.不要掉入情緒的漩渦（運用開導的原理和技巧，宣洩不滿的情緒。）

　　家裡的成員多，難免會牽扯出許多的是是非非，如果婆婆情緒不佳，向小叔數落大伯的不是；媳婦的心情不好，向大嫂埋怨小嬸的不對，那麼聽者必須運用開導的技巧，說出被數落者的好處，以移轉對方憤怒的情緒。

　　但如果聽者無法降低對方高漲的氣焰，怎麼辦呢？嗯嗯呀呀的附和，也是不錯的方法，只要對方能宣洩心中的憤怒和不愉快即可。最忌諱的就是加油添醋，指責對方的不是，因為手足之間，手心、手背都是肉；妯娌之間，長媳、小嬸都是媳，說了對方的短處，只會更增加彼此心中的不愉快。

　　凡事引導對方，往好的一方面去想，不要把自己捲入了對方的情緒漩渦裡，運用開導的原理和技巧，讓對方宣洩不滿的情緒，自然就可以避過一場風暴了。

心語：人與人之間的相處，也是一種緣分。尤其是姻親的連結，更是緣分的牽引；能夠成為一家人，並非易事；所以要珍惜共處的時光；再說人無十全十美，多看對方的好處，多勸解情緒高亢的親人，如果大夥兒都能心平氣和的來看待事情，一切就可迎刃而解啦！

23.調解衝突有竅門（放下緊繃的情緒，找出調適的方法。）

雖然說婚姻是屬於倆個人的，但是也不能完全抹煞了家族的親情。這種說法對於媳婦來說，心理上也許會有些難以釋懷，但是如果能夠換一個角度來想，您今天所做的一切，都是為了最心愛的人，也是為了保有一個美滿的家，想到這兒，也許您的不愉快就會減輕了一些。

如果您仍然無法化解婆媳之間的摩擦，所帶給您的焦慮與壓力時，彼此不妨試著調整心態。例如：給自己放個假，出國散散心；或者是逛逛街，買一些自己喜歡的東西，暫且放下緊繃的情緒，讓自己鬆一口氣；您也可以參加公益團體，服務人群，讓自己從工作中，獲得成就感。

重視自己，保有自我，也是一種調適的方法，以撫平心裡上的不滿情緒。或者給予自己一個喘息的時空，那麼婆媳之間的衝突就可避開了。

心語：當心理不平衡，又沒有良好的解決方法時，那不妨轉
　　　移目標，來釋放自己的心靈。要求別人很困難的話，
　　　那不如用學習來改變自己，讓自己的情緒，可以抒發。
　　　所以說：「移轉目標」也是釋放自我情緒的好方法。

24.尊重個體維持好關係（尊重每人的生活方式，認真過好自己。）

　　王琳跑來告訴我說，她好緊張，因為她婆婆今天要來她家。我說：「自己的婆婆要來，有什麼好緊張的呢？」王琳很委屈的說：「每一次婆婆來，都會到每一個孩子的房間去檢查，如果看到孩子的房間被褥沒有折好，或者書桌沒有整理，就開始數落我沒有把孩子的生活教育教好。」但王琳解釋她並不是沒有教過孩子要整理內務，而是孩子總有一套自己的說法：說什麼家本來就是休息的地方，亂一點有什麼關係？反正晚上還要睡，同學們還不都是這樣，為什麼房間一定要整理好等著別人來檢查呢？一大堆的歪理，好像又很有道理，使得王琳無話可說。

　　王琳有時看到大女兒打學校的報告打到凌晨兩點才睡，二女兒為了應付聯考，常常過了十二點還在挑燈夜戰，哪裡忍心苛責，只好在有空時就到孩子房間幫忙整理。但是王琳是一個職業婦女，每天忙著工作，下班後又得買菜、煮飯，有時還得接送上小學的兒子，一個人實在是忙得身心俱疲，但是婆婆不定時從鄉下來，每一次都叨念孩子的房間太亂，什麼地方整理得不好，搞得王琳心情很糟。王琳解釋說孩子功課很忙，婆婆卻說：「女孩子書讀得再好，也要會料理家事。」然後就會說王琳沒把孩子教好。

　　說實在的，在現今的社會裡，夫妻倆都為工作忙碌，如果還要求每天內務整齊，有時也真難以做到。但是做長輩的大多是受傳統的教育，總認為女孩子書讀得再好，也要將內務整理乾淨；然而現在的兒孫輩，任何一件事情，都有自己

獨特的看法。而媳婦處在新舊的思潮裡，總有兩難的困擾：太依著婆婆的標準過日子，自己的身心容易疲乏；爲了討好婆婆，有時卻容易傷了親子之間的感情；有時太尊重孩子的想法，也會被婆婆譏爲教子無方。

其實想想，每個人從自己的觀點來看，都會有自己正面的看法。就拿整理內務來說吧！婆婆認爲整理內務是自己應當做的事，不應當假手於人；而孩子認爲只要自己住得舒服，整不整理又有何妨？等到自己忍受不了時自然會處理；媳婦認爲尊重孩子的想法也沒錯。如果我們能夠彼此尊重彼此的想法，包容對方的做法，也許就可以維持良好的婆媳與親子的關係。

如果婆婆只是一味的要求媳婦與兒孫，要完全照著她的想法去做，難免容易發生衝突；如果媽媽也要兒女照著自己的想法照單全收，也會引起兒女的不快。那麼，最好的方法，就是尊重個體，每個人都有每個人的生活方式，如果婆婆看不慣就歡喜做，媽媽看不慣就幫忙做，等到兒女自己都看不慣時就會自己做……否則關起門來，一切就眼不見爲淨了，畢竟人生還有比整理內務更需要追尋的。因此，當我們想要求別人做任何一件事時，如果能夠想想，自己以前所成長的背景與想法，和現今的成長背景與想法，有多少年的差距時，那麼就不會嚴格的要求每個人的想法，都要與自己相同了。

心語：所謂「人各有志」如果我們總是希望，別人能夠照著自己的想法行事，那勢必會失望的。尤其婆媳之間，成長的時代不同，環境不一，處境與想法各異；做婆婆的希望媳婦能遵照她的想法行事，做父母的希望兒

女能聽從自己的話去做，那一定會失望的。凡事還是要想開點，尊重每個人的想法，才能彼此相處愉快，好好的過生活。

25.成為現代婆婆，您準備好了嗎？（媳婦熬成婆，要有同理心。）

沒想到時光飛逝，曾幾何時，我已從一個小媳婦，慢慢地躍升為一位婆婆了，但在走過歲月的痕跡裡，經過了婆媳相處的時光，總能悟出彼此較為相容的默契。

想要做個好婆婆，並非難事，只在於是否有份心意，朝著這個方向努力前進。彼此的相處，只待在日常生活中稍微留意一下，就能促進婆媳之間的和諧。

就我個人的經驗，有幾點可以與朋友分享：

一、**要尊重她的意願**：

媳婦下班回來，覺得工作了一天，希望先盥洗後再吃晚餐，這時等待多時的婆婆，就會覺得先吃飯較為重要，如果此刻媳婦執意要先盥洗，婆婆不妨考慮媳婦工作了一天，想要沖個澡再進食的心情，這樣的念頭稍稍一閃，就不至於引起內心的不快，也可以增進胃口。

二、**平日別燒太多的菜餚**：

做父母的人都希望，做多一些菜餚與孩子共進晚餐，但菜燒得太多，就會有剩菜，剩菜吃不完，婆婆總希望媳婦能幫忙分擔，但是如果開口叫媳婦吃剩菜，勢必會引起媳婦心中的怨懟，也許媳婦在娘家時就跟自己的兒子一樣，從來不吃剩菜的，那豈不是傷了彼此的感情。

三、**假日時讓她放輕鬆**：

上班族最期待的就是假日時好好的補眠，如果婆婆期待媳婦早起上菜市場、做家事，那勢必會引起不快，其實現在到處都有超級市場，買東西很方便，不見得一大早非得趕到

傳統市場選購，再說家事層出不窮，慢慢做也不礙事。

四、學習尊重她的隱私：

做婆婆的千萬不要以為成了一家人，彼此之間就應當沒有秘密，千萬不要翻動媳婦的抽屜，更不能查閱媳婦手機裡的簡訊，每個人都有權利保有自己的隱私，這一個小小的動作，事實上關係者婆媳之間的相處之道。

五、不隨家人的情緒起舞：

有些時候婆婆從小姑或是小叔處聽到對媳婦片面的批評，這時大可用幽默的話語來化解，想要婆媳相處的融洽，能饒人之處且饒人，這樣才能將大事化小，小事化無。

六、身心健康適時幫忙：

當孩子們組織了一個新家庭時，難免會有需要幫忙的地方。如：接送孩子、料理三餐等等，但一定要衡量自己的能力，是否可以擔當，含飴弄孫雖然甜美，但是如果造成了自己的不便與負擔，那就只會弄巧成拙，不可不慎。

七、彼此悅納相互關懷：

既然成為一家人，在細節上是不容忽略的，如果媳婦過生日，婆婆不妨多做幾樣媳婦喜歡吃的菜來慶祝，或者買一些禮物來送給媳婦，媳婦看到婆婆如此重視她，自然心存感激，相形之下將會如法炮製，在婆婆生日時也會送上祝福。

八、放下芥蒂真心接納：

唇齒相依，難免咬傷舌頭，更何況是時常相處的婆媳，如果媳婦不小心犯了差錯，婆婆就應當想想自己的女兒是否也有出錯的時候，只有真心的將媳婦當作是自己女兒般的呵護，才能獲得媳婦的尊重，增添彼此的感情。

九、吸收新知增廣見聞：

　　婆媳相處貴在相知，婆婆不妨平日多參與社區機構所舉辦的研習活動，以提升自己的知能，最主要的是不斷的接受新知，才能趕上時代的腳步，與媳婦的認知相當，切莫一味地以老經驗為首，那將會錯失了促進婆媳相知相融的機會。

十、時時培養溝通的能力：

　　即使婆媳之間起了齟齬，也要先靜下心來，釐清自己的思維，並提出自己與媳婦不同的看法，事實上有許多的事情，並非對與錯，而是因為站在不同的角度來看事情，所以才會有所偏差。這時不妨彼此都能夠站在對方的立場來思考，態度誠懇語氣溫和的委婉說明，切記大聲論述自己的想法，只有在和平溫柔的語氣中，才能獲得彼此的認同。

心語：總而言之，婆媳相處貴在真心與誠意，平時彼此都需要培
　　　養一顆接納與包容的心，時時將自己的想法提出來，彼此
　　　討論，相互交換意見，從交談中慢慢地去了解和接受，那
　　　婆媳和諧的關係，將會更上一層樓。

輯三　健康與生活

　　人的一生，除了要有幸福的婚姻生活以外，婆媳相處也是一大難題，如果彼此都能懷抱著感恩的心，相處愉悅，那的確是一件值得歡欣的事。

　　那麼怎樣可以過著愉快的婚姻生活呢？那就是夫妻之間，都要注重身體上的健康，有了健康的身體，才能過好每一天。

　　在日常生活當中，有許多事情，如果我們稍一不留意，就容易造成身體上的不適，而衍生出一些病痛，那幸福的生活，自然就容易受到影響；所以平日要注重身體上的保養。如：平時多保重身體，吃食物時要少鹽、少糖、少油，並且要多運動、多喝水、飯後要刷牙，還要避免熱傷害，尤其在疫情期間，要戴口罩、勤洗手、常消毒。

　　除此以外，還要多注重養生的方法和愛護自己的眼睛，並減少壓力的來源；如果可以學習一些嗜好，就可以舒緩自己的情緒，更要有突破自我的方法，讓自己更有信心，才能保有自己不失智，而能健康的過生活，如果每一個人都能注重自己的健康，那身體自然就能保持良好的狀態，以及過著幸福的生活。

只有愛護自己的身體，做好自我保健，才能迎來快樂的人生。

1.控糖吃不甜水果喝無糖飲料（我的控糖妙招）

從小我最喜歡吃的，就是參加合唱團得名時，老師發的牛奶糖和合作社賣的健素糖，因此換來了一口的齲齒。看牙醫，除了心生恐懼外，如果還要拔牙、補牙，那就太恐怖了，如果要植牙那更是所費不貲啊！

年齡慢慢增長後，心底還是忘不了嗜糖的甜蜜，也時常與朋友喝個下午茶或是共享蛋糕，即使體態越來越發福，還笑稱自己挺有福態之美。事實上，嗜糖對身體來說是不好的，女兒也一再要我多節制，因為甜食吃多了，容易肥胖，也容易罹患疾病，但這從小養成的習慣，一時還真難戒啊！

尤其出國時，總是抵擋不了巧克力的芳香，難免會帶上兩三盒，送給孫兒們，兒女們也嚴禁孩子們吃糖，所以我現在出國，會提醒自己別買太多，已買的就趁每天早上沖一杯黑咖啡時，搭配一顆巧克力，這樣的自我約束，好像成果還不錯。如今新冠肺炎疫情嚴重，減少了與朋友的團聚，無形中就降低了吃甜食的機會。

在吃水果方面，捨棄較甜的西瓜、哈密瓜、荔枝、龍眼等水果；也儘量不喝甜膩的果汁和飲料，改喝不放糖的茶和咖啡。時間久了，在毫不自覺中，就改善了喜歡吃甜食的習慣，進而達到了控糖的目的，身體自然就健康了。

心語：我喜愛吃甜食，容易造成齲齒和肥胖的現象，為了自己的健康著想，還是避免吃甜食和糖分較多的水果，如果能夠抑制自己的喜好，那麼身體自然就會健康的。

2.瑜伽散步助放鬆舒壓解憂睡好覺（釋放壓力的泉源）

　　初為搬至新居的新鮮人，情緒上總是焦慮多於安逸，慌張多於沉靜，一來晨起搭車，慌張得很，擔心起晚錯過了班車，上班會遲到；二來原本想早早入睡，但雜物太多總是整理不完，搞到很晚，即使撥了鬧鐘，都會擔心不響，所以整晚都失眠，導致身心疲憊。

　　後來我想這樣總不是辦法，就下定了決心，利用假日去上瑜伽課，老師從基本的動作教起，所以難度並不很高，我再從中調整適合自己的角度，慢慢的我的動作就漸漸的符合了老師的要求，我也從瑜伽的呼氣、吸氣和伸展的動作中，學習到緩慢、沉靜的要義；讓我可以放鬆緊繃的神經，也找到了釋放壓力的泉源。我按步就班地去上課，連精神也愉悅了起來。

　　不僅如此，我有空時就到外面去走一走，藉著散步來呼吸大自然的精華，還把美麗的風景攝入鏡頭裡，當我回來看照片時，突然發現，我可以從欣賞美景中來調適自己的心情，不再那樣的心浮氣躁，不再那樣的惶惶終日，工作上的煩憂大大的減少了不少。

　　雖然工作時常帶給我們一些壓力，但只要找出調適的方法，就可以將煩惱一掃而空，心情放輕鬆後，睡不著覺的毛病自然就痊癒啦！

心語：從瑜伽的呼氣、吸氣和伸展的動作中，學習到緩慢、
沉靜的要義。這樣就找到了釋放壓力的方法，心中減
輕了壓力，就能夠好好的睡覺，身體自然就健康了。

3.避免刺激性食物充分時間上廁所（解決痔瘡的好方法）

　　生過小孩的女人，十之八九都易得痔瘡，我也不例外。以往上班又要顧小孩異常忙碌，生產後的痔瘡，自然是無法根治，嚴重時還會出血；現在退休了，不用趕時間，沒想到跟隨多年的痔瘡，竟然痊癒了。

　　究竟我的痔瘡是怎麼好轉、甚至不見呢？我想首要做到的是放慢腳步，養成定時上廁所排便的習慣，一早起來先喝杯蜂蜜水，讓腸子蠕動，給予充分的時間上廁所，心情自然就放輕鬆，有助順利解便。

　　日常飲食方面，要多吃蔬菜水果，一天也要喝上2000CC溫水，更要避免吃喝刺激性食物，如辣椒、烈酒等，以保持腸道通暢。如果平時能保持心情愉快，按時運動，又有充足睡眠，不要過度勞累和站立太久，都可以減少痔瘡的發生。此外在上完廁所後，別忘了保持屁股肛門局部的清潔，用溫水沖洗是一個好方法，也可以在消毒過後的盆子裡放置溫水，一天坐浴三到四次，每次15分鐘左右，長久試後，成果自然見效。

　　久病成良醫，患病後較了解病情，多加留意嘗試一些基本的做法，在食物的選擇和局部的清潔上，是不容忽略的，如此病情自然就會逐漸好轉了。

心語：白天早上喝杯蜂蜜水，讓腸子蠕動，再給予自己充分
　　　的時間上廁所，並且避免吃喝較刺激性的食物，隨時
　　　保持心情的愉快，就可以減少痔瘡的發生了。

4.暖男水豚喜學書畫（我的退休力）

　　做了退休力調查後，我的退休分數 68 分，屬於「暖男水豚」整體平均分數是 57 分。以往我很喜歡欣賞畫作，如今我在長青大學，學習繪畫和書法的課程，藉此豐富自己的精神生活，但對於現代人所追尋的科技資訊和技能，總有些卻步，看來想成為現代人，在這方面的資訊與技能，是有必要去學習的，才不至於與社會脫節。

　　退休後，我的生活簡單，財務沒有困境，可以在慶典節日時，邀請兒孫聚會，大夥兒難得聚在一起，還可以大方的刷卡付費，一來不用增添兒女們的困擾，二來也可以加深自己與兒孫的感情，孫子女表現良好，就送實用的學用品或是獎學金，這樣每次的聚會，都是歡樂滿堂，何樂而不為呢？

　　尤其退休後最重要的就是要有強健的身心，不僅身心要健康，更應定期健檢，適時運動、多交益友，吃有營養又健康的食物，最好也能投保老年的健康保險，讓自己活得健康又快樂，真有病痛時，可以運用保險的措施，來顧好自己身體的健康。

　　退休後要活得好、活得健康，並且珍惜與兒孫們聚在一塊的美好時光，讓老年生活過得健康、溫暖、快樂又有意義，那才是我所要追尋的。

心語：退休後，最重要的就是要有強健的身心，適時運動，
　　　多交益友，學習繪畫與書法，來愉悅身心，假日時與
　　　兒孫歡聚一堂，那身心自然愉悅，老年生活就可以過
　　　得溫暖又快樂。

5.打疫苗後大吃海鮮蕁麻疹折騰兩個月（打完疫苗要多吃增加免疫力的食物）

五月初和外子就打了 AZ 疫苗，打完後我沒什麼反應，外子卻有發燒、肌肉疼痛、全身倦怠的副作用，過了兩天副作用就消退了。

母親節時，我們去餐廳吃了海鮮，沒想到身上就起了又紅又癢的腫塊，就醫打了針、拿了三天藥，我吃了一天的藥，紅腫塊消失了，我覺得沒事了，就把藥給扔了；未料，兩天後身上又出現了紅疹塊，奇癢無比，我想回原本看診的醫院就醫，但該醫院有染疫確診者足跡，所以我改去另一家診所，看了兩次病，醫師開的藥吃了，卻未見好轉。

於是我又回到原醫院看病，醫師診斷說，這樣反覆發病，是慢性蕁麻疹，安排抽血、打針、吃藥和擦藥，這一折騰已兩個多月了，身上還不時會起紅疹。

也許是打了疫苗，身體免疫力降低，再加上大啖海鮮，才會引發蕁麻疹，現在我吃東西都會特別小心，打完疫苗或蕁麻疹發作時，一定要忌口，不吃海鮮類、堅果及刺激的食物。可以多吃增強免疫力的食物。例如：胡蘿蔔、枸杞、高麗菜、木瓜、芝麻等，也可多吃地瓜、南瓜、蘋果等排毒食物。

除了要忌口外，避免在大太陽下走動，天熱時要吹冷氣，別洗熱水澡、心情要放輕鬆、多喝開水、多休息，這樣對我們的病情才會有所改善。

心語：打完疫苗後，最好能夠避免吃些容易引起皮膚敏感的食物，可以多吃增加免疫力的食物。如：胡蘿蔔、枸杞……等，也可以多吃地瓜、南瓜、蘋果、等排毒食物，以保持身體的健康。

6.泡一泡太陽曬擺脫酸臭味（揮別大汗後的異味）

　　以前常常聽人家說：老人身上會有一種老人味；自己不察覺，別人可聞得到。尤其是在運動後，異味更濃，因此運動後的清潔沐浴，是不容忽略的。

　　老公喜歡務農，所以汗味特別濃烈，尤其是穿過的衣服，如果不浸泡個把個鐘頭，而直接丟進洗衣機，那股酸臭味，是無法祛除的。

　　所以每天早上，我要做的事情，就是將浸泡過的衣服拿到洗衣機裡，清洗乾淨後，再拿到陽台上去曝曬，讓早晨的陽光，充分的將這些有異味的衣服，曬個透徹，有時太陽光猛烈，洗淨的衣服，還會有陽光溫暖的香味呢！

　　如果天氣不是很好，沒有陽光照耀，我也會藉由乾衣機來烘乾衣服，一起驅除那些潮濕的霉味。

　　我自己的運動是上瑜伽課，跳廣場舞，每每汗流浹背，異味難聞時，就回到家裡，好好的洗頭、洗澡，還要在身上撒些爽身粉，這時身體乾淨，又有淡淡的香味，真是清爽無比啊！

　　傍晚時分，就去住家附近走走步道，觀賞四周林木的景物，回來後當然也是得先沖個涼，讓身體潔淨，再喝杯自製的檸檬汁，一來補充水分，二來養顏美容，這樣的生活，輕鬆愉快，身心自然健康。

心語：運動後要沖個澡，讓身體潔淨，洗完衣服後，要拿到
　　　陽光下曝曬，以擺脫酸臭味，只有做好整潔的工作，
　　　才能有健康的生活。

7.兒童牙刷我的護齒利器（我的潔牙健齒術）

記得在二十多年前，我因為植了三顆牙齒，花了一筆錢有些心疼，所以特別注意牙齒保健。

每餐飯後，用牙線清理牙縫並刷牙，平時不啃太硬的食物，每年一定找牙醫生檢查牙齒並洗牙，因為我深信：擁有一口健康的牙齒，是身體健康的基本要素。

當我去看牙醫檢查植牙時，都會誇讚牙醫師的技術精良，過了二十多年，所植的牙齒仍然屹立不搖，牙醫也會笑著說：謝謝我保護他所植的牙齒。

如今時間久遠，牙肉有點萎縮，齒縫間難免有一些隙縫，不易清理碎屑，牙醫生建議我用兒童牙刷來刷牙，他說兒童牙刷比較短小，置於口中比較好刷，也能夠一顆一顆的將牙齒上下來刷乾淨，並建議我用潔牙器來輔助沖刷牙縫中的碎屑。

我用了一些時日，還真的可以將牙齒不易清潔的部位沖刷乾淨，如今兒童牙刷和潔牙器，成了我護齒的兩樣利器。

除了要擁有一口健康的牙齒外，如果還能擁有貝齒的話，那就更理想啦！

所以，每次喝完咖啡或茶之後，我就會用潔牙粉來刷牙，這樣對於潔白牙齒，多少有些幫助。

為了讓老人和小孩保健牙齒，除了飯後、睡前刷牙外，吃完甜食一定要立即刷牙或漱口，才能避免齲齒，擁有一口漂亮又健康的牙齒。

心語：利用兒童牙刷來清理牙齒，用潔牙器來沖刷齒縫中的碎屑，這都是護齒的基本原則，如果能夠擁有一口健康的牙齒，這就是身體健康，最基本的原則。

8.不吃生食洗手別隨便沖沖（請戴口罩常洗手常消毒）

由於新冠肺炎疫情蔓延，全世界幾乎都處在危機中，如何做好防疫措施，是我們應努力的方向，才能避免染疫上身。

在飲食方面：不吃生食和野生動物，所有的食物都要經過烹煮後才能入口，別再為了口腹之慾而大啖生冷海鮮。

在環境方面：出入公共場所，一定要戴口罩和太陽眼鏡，回家後先用酒精噴灑衣物，還要將衣物先掛在門外通風處吹一下，再收到屋內。

口罩可以用吹風機吹一下，現在口罩供不應求，在戴口罩時，可以在口罩裡面墊一張衛生紙，再在外面罩上布口罩，可減少口罩的消耗；而手機的外殼和螢幕，也可以沾上酒精擦拭，以免病菌擴散。

除此之外，最重要的就是勤洗手，洗手不是隨便洗洗，沖沖水就罷，而是要仔細清洗手掌的正反面、指縫間、指甲處，都要來回的搓、揉、摳、沖、刷、洗乾淨，還有儘量不到人多的地方去逗留，避免去擁擠的電影院、減少參加聚會和應酬、避免出入游泳池、三溫暖等人潮來往密切的地方，這樣對自己的健康才有幫助。

趁著天晴時，也可以到空氣新鮮，寬廣的戶外做運動，像爬山、散步、騎自行車都是不錯的選擇，多到郊外走走，呼吸新鮮的空氣，可以讓心情愉悅，增加免疫力來對抗頑強的病毒。

心語：食物要煮熟才吃，以免染疫上身。出外要戴口罩，避免群聚、共餐，回家後勤洗手，並用酒精消毒，隨時保持心情愉悅，以增強免疫力，抵擋病毒，共度難關。

9. 食物、洗澡多注意對付乾癬有撇步（秋冬換季抗乾癬）

台灣是個海島，屬於亞熱帶氣候區，在秋冬之際難免潮濕多雨，在此時最容易犯上的皮膚病就是乾癬，尤其是上了年紀的人，由於皮膚乾燥或對某些食物的過敏，也就容易患上乾癬。

乾癬的症狀就是：皮膚乾燥、常脫皮、膚紅又皺巴巴的還奇癢無比，如果長在手部還抓得到，最怕的就是長在背部搆又搆不到，抓又抓不著，找人幫忙不容易，只有用「不求人」來幫忙抓癢了。

在我朋友中，也常常有患乾癬而煩惱的，尤其在身體隱密處，也容易感染此病，這時就要看醫師，按時吃藥、擦藥、以減輕病況的發生；喜歡洗澡的朋友，不要每次洗澡都要用肥皂，以避免皮膚過分乾燥，平時多穿棉質衣裳，以減少衣物對皮膚的摩擦，也要避免吃那些容易讓皮膚過敏的食物。如：海產、魚蝦之類的食品，香菇、花生、菸、酒及辛辣的食物都要避免，以免引起皮膚的過敏。

除此之外，要多接受陽光的洗禮、注意室內空氣的流通、保持情緒的平和、持之以恆的運動，以增強自己的免疫力，一旦乾癬發作，就要有耐心的治療，千萬別掉以輕心，因為乾癬是一種很頑強的疾病，一旦疏忽了治療和預防，它又會復發而難以控制。

心語：平時要避免吃海鮮、魚蝦類的食品，也要注意室內空
　　　氣的流通，並且要保持情緒的平穩，還要持之以恆的
　　　運動，以對付乾癬的發生。

10.拒空汙從自身做起可考慮換電動車（換電動車以減少空氣污染）

　　生活在都市裡，因為環境使然，想要拒絕空氣污染，實屬不易，要避免空氣的污染，可以從自身做起。

　　平時應多注意氣象與新聞的報導，哪裡人多，空氣污染高，就要避免在那些地方出入。例如：電影院、演唱會、封閉式的場所。如果要外出，一定要戴上口罩，回家後要勤洗手，做好消毒的工作，才能免除空污帶給自身的污染。如果已屆退休年齡，不妨考慮搬到郊外居住，除了空氣新鮮外也可遠離塵囂。

　　假日時應儘量到戶外空氣新鮮的地方散步，一來健身二來可以多吸收芬多精；這樣就可以提升身體的免疫力。如果想換車，避免車子排放黑煙，污染空氣，可以考慮換個電動汽車或是機車，以減少空氣的污染。也可以在屋頂上裝設太陽能，不僅可以節省電力的消耗，並可減少空氣的污染，以提高綠能的效益。

　　在疫情期間，除了戴口罩、勤洗手、遠離群聚的場所外，內在自身的污染也要一併排除。例如：避免常抽菸、飲酒、熬夜、嗜吃甜食、暴飲暴食等。平時應注重均衡的飲食，多吃蔬菜水果、五穀雜糧和堅果，並要常運動、多走路、常微笑，保持身心的健康，這樣就可以愉悅的度過一生。

心語：避免去人多的地方群聚，到郊外呼吸新鮮的空氣，為了減少空氣的污染，可以考慮換一台電動汽車或是機車，以避免空氣的污染。

11.以牙線剔菜渣或用沖牙機除牙垢（預防口臭的方法）

　　當口腔有異味與人交談時，看見對方掩鼻皺眉之舉，的確是一件尷尬的事。我們吃進的食物，五味雜陳，難免有許多不同的味道會存留在口腔裡，想要使牙齒芬香、無異味，清潔牙齒成為一個首要的條件。

　　每天晨起及睡前一定要刷牙、洗臉，每餐飯後，一定得潔牙除垢，尤其是飯後菜屑碎肉，總是容易卡在兩齒之間，就得用牙線來處理，由於牙線細緻，可以運用在兩齒之間的夾縫中，剔除殘餘之物，以消除牙刷不易清除的地方；而使用沖牙機也不錯，可以祛除牙垢，才不至於藏污納垢。

　　此外，半年應看一次牙醫，確認牙齒是否健康，最起碼的洗牙，就是一種護齒的方法。尤其是牙齒不小心咬到堅硬的食物而發生動搖時，更要去看牙醫，不然移動或破損的牙齒，容易出現裂縫會卡上菜餚，就容易發炎產生細菌，因而會有異味。

　　有人說：「牙痛不是病，痛起來真要命。」平時的潔牙方法不容忽略外，也要少吃辛辣和味道很濃的食物。例如：臭豆腐、榴槤、韭菜、大蒜、蔥等食物，可以避免口中產生異味。

　　在喝過咖啡或是飲茶後，建議可以用潔牙粉來刷牙，這樣就可以擁有一口潔白美好的牙齒了。

心語：為了預防口臭，在吃過食物後，清潔牙齒為一個基本
　　　的原則，並用牙線清理牙縫中的菜渣，用沖牙機去除
　　　牙垢，就可以擁有一口美好又健康的牙齒了。

12.開完白內障視力變清楚（養眼的方法）

　　年輕時眼力超好，從來沒帶過眼鏡，等到年紀漸長，才發現眼睛不適，帶來許多苦惱，由於女兒是眼科醫師，會不時的提醒我，別在搖晃的車上看書，別在光線不充足的地方閱讀、打電腦、看手機，用眼 30 分鐘就得休息 10 分鐘，在在叮嚀關懷我的眼睛健康。

　　女兒送我魚油、維他命 D 幫我護眼，還囑咐我要多吃胡蘿蔔、橘黃色的蔬果和深色菜餚，並且要多運動，不可熬夜追劇，要常親近大自然，多看看青山綠水，以保持身心的愉悅。

　　直到暮年，眼睛出現不適，才知得了白內障，女兒幫我做了手術，囑咐我別提重物、不要做太激烈的跳躍動作，別讓眼睛太累，還送我一副太陽眼鏡，外出時要戴上，以避免陽光的照射，等一切就緒，我的眼睛重見光明，所有的眼睛乾澀、混濁、模糊不清、一掃而空，女兒送來了人工淚液，以減緩我的乾眼症，也送我敷熱眼罩早晚各敷一次，讓我可以擁有一對健康的雙眼。

　　前次我參加了好友孩子的婚禮，在眼皮上塗抹眼影，以為可以增加眼睛的魅力，但沒想到隔天，眼皮又腫又紅，還奇癢無比。

　　女兒告知，當眼睛不舒服時，千萬別在眼睛上抹妝，以免感染造成眼疾，更不能隨意揉眼，要常洗手，保持雙手的潔淨，女兒所有的告誡我得記住，才不會辜負了她的一片孝心。

心語：保護眼睛不能用眼過度，看書或用電腦 30 分鐘後，就
　　　要休息 10 分鐘，平時多食胡蘿蔔和深色菜餚，避免抬
　　　重物，外出要戴太陽眼鏡，以免陽光的照射，才能保
　　　有健康的雙眼。

13.消暑先淨心喝涼飲聽音樂（避免熱傷害）

前陣子，被新冠疫情擾亂的心，在長時間的束縛下，終於有機會邁出幽谷，這是出來散心的時刻，但舉步在豔陽的高照下，心中難免引發了煩躁的心。

沒有好心情，遊玩的興致就會卻步，要如何消暑？在夏日炎炎中能有一個安心玩耍的情境？那就得從現實的生活中來實現吧！

首先，要有一顆沉靜的心。有句話說：「心靜自然涼」如果先把心靜下來，就不至於感到燥熱，有了安定的心，再去規劃自己想要做的事情，就可避免忙碌和焦慮了。

在戶外活動時，不妨帶著草帽，穿著薄衫、長褲，一來可防曬，二來也可避免蚊蟲的叮咬，內心的煩躁不安自然減輕，必要時也可攜帶一把扇子，邊走邊搧涼，藉此來驅除暑意，走累了想休息，可以將雙腳浸在冷水池中，眼裡看的是池中的魚兒，悠然的游來游去，口裡喝的是仙草綠豆甘蔗冰，這樣的享受，還真得是透心涼啊！

回到家後，就先沐浴更衣，將身上的疲憊和暑意，一掃而空，再聽一首輕音樂，這樣的情境，自然就感到清涼又舒適。

心語：想要消暑，就得先要有一顆沉靜的心，因為：「心靜自然涼」才不至於感到燥熱。在室外活動時，最好能穿薄衫和長褲，一來可防曬，二來可避免蚊蟲的叮咬，內心自然恬靜清爽。回家沖涼後，喝杯仙草綠豆甘蔗冰，聽首輕音樂，自然就感到清涼舒適了。

14.紅棗、龍眼、枸杞為健康煲湯（養生的方法）

　　新冠肺炎疫情猖獗，新春時間，除了戴口罩、勤洗手外，減少出入公共場所和聚餐的機會，就可避免冠狀病毒惹上身，因此我實現了自我防禦的健康計劃。

　　一早起床，天氣好時，就在陽台上做個健康操，伸直胳膊，甩甩手，踢踢腿來，彎彎腰，左右扭動，轉轉頭，活絡筋骨為首要。接著去花園，聽聽鳥叫蟲鳴，澆花、修木並與花草對話，再凝望遠山，看著白雲，呼吸新鮮空氣。

　　接著用小電鍋煮一碗養生湯，內容物是：紅棗、龍眼、各三粒，避免太甜，加上枸杞少許，為自己的健康煲湯，以提升和增強自己的免疫力。

　　中餐後午休片刻，接著是我充電的時候：先放首音樂，喝著我的養生湯，靜靜的閱讀書報，讓文字的優雅舞動在我的腦海中，增添我的知識領域；或是手執凸筆，抒發我滿懷的文情蜜意，填滿屬於自己的人生；要不就是染顏作畫，增添我生活的情趣。我喜歡享受這一刻完全屬於自己的寧靜。

　　傍晚時分，走一趟林蔭小道，來一個森林浴，並觀賞沿途景致的美麗，回家後泡個溫水澡，洗滌一身的疲勞，這樣輕輕鬆鬆，平平淡淡的幸福，我喜歡。

心語：疫情嚴重之時，避免外出，起床後做個健身操，活絡筋骨，然後在林間凝望遠山，看看白雲，並呼吸新鮮的空氣。當閒來無事時，就看書報、寫文章、繪圖作畫，日子雖然平淡，但我感到頗為幸福。

15.把繪畫當休閒心情很愉悅（人生下半場）

由於家父 103 歲蒙主恩召，婆婆 93 歲仙逝，我和外子看來都有長壽的基因，因此外子還未退休前，就選擇了花蓮是他退休後要住的地方。

理由很簡單，他在花蓮服預官，對於花蓮的好山好水，有所眷念，所以尚未退休時，就在花蓮覓地建屋，退休後在屋旁植樹、種果、養雞鴨，他成了道地的農夫，我順理成章的成了農婦。

剛開始種有機蔬菜時，由於不噴灑殺蟲劑，所以大部分都是送給蟲吃的；後來改植玫瑰花，也許是天候的關係，還是缺乏天分，想要摘幾朵在花瓶裡觀賞，也成了難事。

因此，我來到了文化藝廊，接受李宏彬老師的美術指導，沒想到繪畫對我來說，比種菜種花容易多了，結訓時老師挑了這副「想像中的變體人物畫」參加師生聯展，讓我又驚又喜。

展覽結束後，我將畫掛在客廳裡，並告訴自己：「繪畫是愉悅的，是表達我對物件的感受，和自我的一種特質和體認。就把畫畫當作休閒吧！」抱著這樣的心態，相信我會一直畫下去的。

心語：外子退休後，選擇好山好水的花蓮來植樹、種果，因而我成了農婦。但我對耕作、植花沒天份。栽種失敗後，就選擇了到文化藝廊，接受繪畫的陶冶，我覺得繪畫是愉悅的，我非常喜歡，也相信繪畫可以幫我走過下半生。

16.對照顧父母的家人要心存感激多寬容（要多些寬容更要心存感激）

父親超過百歲才過世。父親為人和善，生性寬容又樂觀，原本健朗的身體，不慎跌倒後，從此行動不便，我們姊弟忙著工作與家庭，就請了一位印尼看護照顧。

這名看護與父親相處得很好，卻漸漸的會趁父親熟睡時，幫同鄉買日用品，做資源回收來賺取費用，還常在家聚會，因為父親的寬容，我們也不以為意，未料，她又在家中幫同鄉收取包裹，弟弟大怒要辭退看護，父親卻為看護說請，弟弟對於她收受包裹的行徑很擔心，害怕會引進不當的藥物，於是辭退了她。

後來又請了一位新的看護，由於她不善於說國語，很難與父親溝通，父親曾經對我表明想住養老院，我告知弟弟，他不高興的說：「妳們出嫁後，大多都是由我來照顧父親，其中的困難，只有當事者才能了解。」此後，我就不再多說什麼了。

父母年紀大了，並非請位看護就算了事，老人家最需要的是家人的陪伴與家庭的溫暖，此後我會盡量騰出時間來陪伴父親，手足間照顧父母，的確有思維互異之處，如果沒有親力親為，只是指多瓜畫葫蘆，自然容易引起對方的不快，甚者造成手足之間的嫌隙。

對於照顧父母的手足，要心存感激，多寬容，常表謝意，平日多體諒、包容，只要多珍惜相處的時光，就是幸福甜蜜。

心語：老人家最需要的是兒女的陪伴和家人的照顧，如果兒
　　　女無暇照顧，請看護幫忙，我們也要心存感恩，多些
　　　寬心與包容，只要彼此珍惜相處的時光，那就是幸福。

17. 家人溫馨團聚憂因教育爭執（家人看法不同尊重對方就是最好的方法）

　　快過年了，高興的是與家人團聚的溫馨，但內心有些恐慌，因為我與姊碰面時，往往為了孩子的教育而有些爭執，她主張幫孩子決定一切，因孩子小，判斷能力不正確，大人要幫他們做決定，才不會錯失良機；我是一切以尊重孩子為先，這樣的理念，總在我倆相處時產生紛爭。

　　姊在孩子讀國中時，就讓兩個孩子出國當小留學生，不僅花費大，還賣掉一棟房子，當初我說：「孩子太小，要不要等大一點再做決定？」她的回答是「再拖下去，就無法適應國外的生活了。」我不懂為何一定要出國？國外的月亮比較圓嗎？我覺得孩子小，仍需要父母的輔導，以防發生偏差行為。這一點看法的不同，爭執了很多年。

　　後來我兩個孩子讀大學時，也曾經到國外去做交換學生，我問她們是否要永留國外？她們卻說國情不同，也不喜歡結交外國的異性朋友，因而回到國內繼續深造，並覓得一份適合自己的工作和良緣，目前倆女已結婚生子，過著幸福快樂的生活。

　　現在姊夫身體不適回台灣療養，兩個孩子雖然在國外有了一份工作，但還未覓得良緣，目前又因新冠疫情嚴重，無法回家團聚，姊心裡也不好過，我只有念在姊妹情深，給予精神上的撫慰了。

心語：家人相處，難免有看法不一樣的時候，如果站在每個
　　　人的立場來看的話，還真的是：公說公的理，婆說婆
　　　的理。所以就以開闊的心，來接納對方的想法吧！

18.淋陽光、磕火鍋、曬幸福（幸福的感覺）

有人說：春天的花最嬌豔，夏天的風最涼爽，秋天的月亮最明亮，而冬天的太陽最是溫暖。

一到冬天，我最喜歡抬把躺椅，在院子裡曬太陽，金色陽光灑在身上，有股暖暖氣息，就連小貓小狗也會學著我的樣，斜躺在身旁，享受著陽光洗禮，淋著陽光溫柔，這是一種幸福。

夜幕低垂，寒氣瀰漫在屋內，這時升個火，備妥火鍋料，全家來一個大團聚，這樣景象，是每回冬季來臨時，我所盼望的節目之一，看著火鍋裡冉冉上升的熱氣，大家愉快享用美好晚餐，歡愉的氣氛充滿在每個人心田，這樣簡單的圍爐，就是一種幸福。

到了晚上，喝上一碗甜蜜的紅豆湯或熱騰騰的薑母茶，袪除寒意，沐浴更衣後，再穿上棉襪，鑽進溫暖的羊毛被裡，這時一股暖流貫穿全身，那樣的溫暖，確是實在的幸福。

心語：有人說，幸福很難找，其實幸福往往就在我們的身邊。在生活的環境裡，有些溫馨的幸福是垂手可得的，就看您是否珍惜，像家人團聚，共進晚餐，有說有笑，快樂的氣氛，圍繞在我們的周遭，這就是一種幸福。

19.挑戰突破自我圓夢更有自信（不失智的方法）

退休時跟著朋友遊山玩水，等到心淡然時，想訓練自己接受挑戰和突破自我的能力。最近參加了主持人培訓課程，我自問年齡不小，還要接受這些挑戰嗎？邀集好友參加，每人都退避三舍，我只好獨自登場了。

第一天是發音練習，講師教我們正確發聲，改掉用喉嚨發聲的方式，保持良好音質，並指導我們每個字發音的方法，要口齒清晰、字正腔圓，運用舌繞齒的動作，來減少口沫橫飛的窘境；還指導我們上台的風範和走路的儀態及服裝的搭配，完美表達整體的美。

第二天由講師指導我們，如何主持大型晚會和婚禮典禮中臨場應變的能力。我從來不知道說話需要學習，而主持人更需要訓練，上台主持節目必須培養基本功。如：自己的風格、服裝的搭配、帶動的方式……等，都需要學習。

最後一堂課，要在 30 分鐘內將老師這兩天所教過的課程，撰稿後，利用 2 分鐘呈現，不能超時，也不能帶稿。這還真是一件不容易的事啊！

沒想到自己在緊要的關頭，能夠自信上台，優雅下台，接受挑戰，突破自我，這樣的自我修煉，哪來的失智啊！

心語：接受挑戰和突破自我的訓練，雖然課程中有需要學習的地方，但那也是一種訓練自我能力的方式，能夠突破自我，接受挑戰，那就是預防不失智的方法。

輯四 兒女是家庭中歡樂的泉源

　　一個家庭如果沒有了孩子，那就會感到寂寞，如果有了孩子在教養孩子方面，雖然需要花些心思和耐力，但孩子貼心的話，一切的辛勞，都不足以掛齒啦！

　　兒女們在未出嫁未娶媳之前與我們相處，如果能夠貼心的幫我們做些家事，來分擔我們的辛勞，那樣的體貼是非常溫馨的。

　　一家人如果能夠和睦相處，分擔家務，父母就不會感到辛勞，還會覺得有兒女幫忙做家事，是幸福、溫馨又愉悅的。

　　相對的，兒女有什麼要求託付我們，我們也應當全然接受，這種甜蜜的氣氛，就會圍繞在我們的四周，即使孩子很幼小，父母也要時時警惕自己，隨時尊重他們的想法與決定，彼此相互的幫忙，彼此真心誠意地接受對方，千萬別一意孤行，揚起父母的權威，硬要孩子隨著自己的所好行事，那父母與孩子自然就很難相處了。

　　所以說：一家人要相處得和諧，彼此的尊重，是非常重要的課題哦！

　　與兒女相處，貴在相知。

1.女兒的託付（尊重孩子的決定讓她心安）

女兒要出嫁前，拿來了一個可愛的長頸鹿玩偶，說要寄養在娘家。我問：「為何啊？」她說：「那是她在唸大學時，一位男同學送給她的生日禮物，如今她要結婚了，不能帶著前男友的禮物進門；這過往的情緣，就圈養在娘家吧！」

每當我想念出嫁的她時，就會走到她房間的一角落，去看看這隻可愛的長頸鹿，看到牠，就如同看到已出嫁的女兒，尤其容易憶起她讀大學時的模樣。

這隻可愛的長頸鹿，情牽著我對她的思念；有了託付的信約，讓我頗具療癒的思念之情，想她時就來看看長頸鹿，抱一抱或是撣撣牠身上的灰塵，如同我以前呵護著她一般，頓時心裡有了依靠，因為這長頸鹿可是她的朋友啊！

心語：女兒出嫁時，家裡如果存放著她婚前的所好，很自然
　　　的當我們想念她時，就去瞧瞧她所寄存的東西，那也
　　　是一種釋放思念的方法啊！

2. 聽他懂他（尊重孩子的意願才是增進感情的方法）

　　我和兒子的感情很好，他有事總是與我商量，心中有結也對我傾吐。我們感情融洽是由於我願意傾聽他內心的聲音。

　　兒子五歲，我們讓他學音樂，他挺有天分，也學得不錯，但是兒子小五時，居然說：「我沒興趣，不想學了。」雖然覺得可惜，還是忍痛成全；他又告訴我喜歡打球，因此，我讓他參加籃球隊，兒子雖然不是打球的料，但也因此練好了身體。

　　上了國中後，他說愛上了畫畫，我就讓他參加假日美術班。基測放榜時，兒子沒考上大家心目中的學校，被他的老爹和兩個姐姐虧說：「上了國中還敢參加才藝班，當然考不好。」我這個媽也只好說：「沒關係啦！等上了高中再說。」

　　上了高中，兒子又有了新點子。他參加了演辯社和網管社，為了社團，常忙得焦頭爛額。指考放榜了，自然又考不上第一志願，結果女兒埋怨我：「都是媽媽太溺愛弟弟了，要考大學的人，還讓他參加那麼多社團，真是不知死活。」兒子也哭著說要準備重考，我反而對他說：「算了，『機械工程』也算是你喜歡的科系。要上最好的學校，等考研究所時再期待吧！」

　　兒子聽我這麼一說，總算是破涕為笑，如今兒子在中壢讀大學，除了考試，每週都回家與我們相聚。最近他不知忙啥，兩個禮拜才回來一次，我悄悄問兒子：「是不是交了女朋友？」兒子說：「沒有啦，是忙著組樂團。」哎呀！這下可非同小可，除了我以外，全家大加撻伐：「玩物喪志啊！再這樣

下去，要考上好學校的研究所，就要成幻影啦！」於是，他們派我去和兒子溝通。

我獨自走到兒子的房間去「溝通」，兒子突然對我說：「因為功課壓力大，玩玩音樂，可以紓解壓力。」我想也是，便對兒子說：「興趣喜好雖然重要，但別忘了自己的目標呵！」

兒子點點頭說：「媽媽，我會有節制的。」

當我把母子倆的對話告訴其他家人時，他們都不以為然的嗤之以鼻，唯獨我對兒子仍具信心。

現在打電話給兒子，除了噓寒問暖，我也常問：「功課如何？」「樂團進行得怎麼樣？」兒子說，只有一科低空飛過，其他都不錯，同時也分享了組樂團的點點滴滴。

我明白，樂團讓兒子擁有了自信與快樂。只要兒子快樂，我這老媽又夫復何求呢？

心語：尊重孩子的意願，是現代父母，最基本的要求。每個人都有自己的想法和意願，多尊重孩子的想法，才是增進彼此感情，最重要的事啊！

3.全家分工各司其職（團聚好時光）

女兒要生產了，跑到坐月子中心一打聽，要三十多萬，於是，老公想出了一個兩全其美的好法子。

首先老公包下了坐月子餐的膳食，而我包下了娃兒洗澡、換尿布、洗衣服的重責大任，女兒就只負責餵母奶，工作分配完後，女兒生完出院，就住在家裡。

女兒說：第一個星期在吃的方面，也許有些藥膳，她擔心老爹不會煮，所以就向坐月子中心訂了一個禮拜的藥膳餐，他們每天按時間送來，吃得豐富，也免除了我們燜燉煮藥膳的麻煩，接著坐月子的時間，老公上網查如何煮麻油雞？如何燉豬腳花生？如何煮鮮魚湯？反正坐月子需要吃的補的，老公都按電腦上的食譜來如法泡製。

結果女兒住得自在，吃得高興，外孫長得肥嘟嘟，女婿回來有飯吃，舅舅、阿姨下班回來，不是逗逗娃娃就是抱抱外甥，這段時間家裡還真熱鬧得很呢！

後來女兒又生了老二，也是一生完，就回來坐月子，我和老公、兒子、女兒一起照顧新生兒，不僅不覺得勞累，還覺得有了這兩個寶貝，全家可以團聚，還挺幸福的呢！

心語：父母最高興的事，就是能與孩子團聚在一起，尤其是兒女有了小孩，父母幫忙照顧，一來兒女她們可以放心並安心的工作。二來自己的父母幫忙帶孫兒，也可以打發時間，增添生活的情趣。

4.老媽用情太深（劈腿後續）

桑妮告訴我說，最近她非常痛苦，我問她為何如此？她說：「女兒的男友劈腿，和她分手了。」

我說：「難過的應該是妳女兒吧！怎麼會是妳呢？」

她告訴我說，女兒和男友相戀了八年，在這期間，彼此相處和諧，也在她家住了一陣子，吃她的、住她的、用她的，桑妮沒有兒子，簡直把女兒的男友當成了自己的兒子。也許是用情太深，女兒難過得食不下嚥，日漸消瘦。

好不容易在安撫完女兒的情緒後，才發現自己也掉入了猶如失去親人般的痛苦。萬萬沒有想到在失去準女婿後，成天若有所失，內心的悲苦，只有對我訴說。

我想桑妮在沒有兒子的情況下，對女兒的男友寄予厚望，如今這種悵然之感，也許是發自對女兒的不捨吧！

心語：父母疼愛子女的心，永遠不變。如果子女快樂，父母一定很開心，如果子女不快樂的話，父母也會擔心。
所以：這就是親情。還真的是血濃於水的寫照啊！

5.好的，就這樣吧！（平生一句禪）

有人認為，人與人之間的爭端，往往在於雙方的「我執」。

我的想法卻不一樣，如果不是什麼大事，通常我是不太堅持自己的看法，例如：孩子說：「媽媽，我想看完卡通，再寫作業。」我不會說：「不行，一定要先寫完作業，才能看卡通。」但會說：「只要你對自己負責，好的，就這樣辦吧！

女兒說：「媽媽，我想吃完點心，再去整理書桌。」我也會說：「好的，就這樣辦吧！」而不會說：「先去整理完書桌，再去吃點心。」

老公說：「老婆，我們就看這部喜劇片吧！」我也會捨掉文藝片而說：「好的，就這樣辦吧！」

同事因為有事要與我調一節課。我也會連忙說：「好的，就這樣辦吧！」

也許有人會說：「妳這樣太沒個性了，什麼事情都是這一句。」其實我並不這麼想，因為日常生活中，我們的確有許多地方，需要別人幫忙，傾聽別人的心聲，瞭解他們的所需，然後在心理上和口頭上給予他們支持與承諾。

在我們的生活周遭，也時常會發現一些為反對而反對的人，其實只要敞開心胸，退一步想，何必為了一些小事而爭得面紅耳赤？

給了別人方便，事實上也是給自己方便，所以一切「好的，就這樣辦吧！」就成了我的口頭禪，這樣的說法，除了使我成為孩子心目中的好媽媽，老公眼中的好老婆之外，也為我贏得了許多的友誼。

心語：人與人之間的相處，是緣分的牽引。人生會相遇，也
　　　表示有緣分，所以要珍惜緣分的來臨，很多事情，如
　　　果我們能退一步爲別人著想，自然可以換來珍貴的友
　　　誼，一切就海闊天空了。

6.我鵝天天 （喜愛自由的天天）

　　想要養鵝是因為在住家前面，我們挖了一個水塘。當時想：如果在此養一對鵝，就可增添鵝群悠然游水的慢活情境。

　　於是外子買了一對小鵝，我悉心的餵食照顧著，小鵝逐漸的長大了，其實要變成一隻成鵝，還是要等上一段時間的，但外子嫌將鵝養在水塘裡，沒自由是殘忍的事，就想放牠們出來，在綠草如茵的草地上奔馳，剛開始我是捨不得的。但想想：這對鵝也有追求自由的權利啊！所以就聽從外子的建議，讓他們馳騁在綠草間，第一天兩隻鵝在外遊蕩了一天，到了傍晚，按時回到了水塘邊，我感到異常欣慰，但第二天放養野外，到了日落西山時，只有一隻鵝回來，另外一隻鵝卻不見蹤影，我非常擔心，就到屋外尋尋覓覓，還是尋不著蹤跡，一天、兩天、到了第三天，我終於失望了，再也等不到牠回到水塘邊，從此我不再將剩下的這隻鵝放養，仍然圈養在水塘邊。

　　漸漸地牠長大了，成為了成鵝，這時的牠不願待在水塘邊，也許是孤單寂寞吧！一有人靠近就呱呱的叫個不停，外子成了牠的代言人說：「放我出去！放我出去！」拗不過外子的堅持，牠終於被解禁，走出了水塘邊。

　　放養在外的鵝，高大挺拔，在水塘遊走時，昂首悠游的英姿，像極了天鵝，我突然想為牠取個名字，那就叫「天天吧！」這天天的小名，讓我想到：「天天天藍，天天微笑，天天健康，天天快樂……」，「天天」有盼望的意念，所以我告訴天天說：「你白天在外遊蕩，到了晚上就要回家喔！」每到了傍晚，我就拿著飼料，尋找牠的蹤影，然後帶回水塘邊餵

養，並告訴牠說：「天黑之前，你得回家睡覺喔！」

　　這句話說了多次，天天就伸長了脖子，然後再低下點頭兩次，好像聽懂了我說的話，這樣的互動，讓我放下了心中的懸念，這還真是讓我感到無比的欣喜啊！

心語：飼養天鵝，有時就像在養育孫兒般的悉心照顧；等日子久了，自然就培養出了一份情感。原本是養兩隻的，但在外遊蕩後，居然就少了一隻，還真的是令人懷念啊！但「天天」也會長大，喜愛自由，就像孩子般，喜歡自在的生活，所以就讓牠成天在外遊蕩，尋求自由自在的生活吧！

與鄰鵝戲水的天天

7.寸步不離人的「天天」（不說話會點頭的天天）

可愛的「天天」有著跟隨的秉性，總是喜歡跟隨在外子的左右，外子走到哪就跟到哪，還真的是寸步不離呀！

這樣的跟隨，讓我覺得牠很有人性，是否也怕孤單？是否也要陪伴？外子走一步牠跟一步？外子喜歡釣魚，牠就跟在旁邊守候。有時外子坐在椅子上打盹，牠也會蹲下身子垂著頭，閉上眼睛，難道牠也期待和外子同步一起夢「周公」？這樣的陪伴，令外子感到「天天」像孫子一樣跟前跟後，還真是溫馨啊！

看到這狀況，令我想起以往幫女兒帶兒子的時光，三年整，整三年，孫子漸漸長大了，跟著女兒回台北讀幼兒園了，外子想念孫子的心，依然不變，「天天」好像明瞭，所以總是在外子身邊團團轉，一會兒跟前一會兒又跟後，雖然「天天」不會說話，但會點頭，這樣的行為表達，是否也就讓外子感覺孫子，仍舊還在身邊呢？

心語：人到老年，兒女離開身邊，這時如果有一隻天鵝陪在
　　　身旁，的確能排遣寂寞的歲月。「天天」常伴隨著外子
　　　釣魚，好像孫子跟在身邊，外子很喜歡「天天」的陪
　　　伴，不論是釣魚或是打瞌睡，「天天」都在身邊，讓他
　　　覺得不會孤單。

8.蚊子的針眼（童言童語）

　　星期假日，孩子的爹，帶著我們去爬山郊遊，全家都穿著長褲，只有五歲的兒子穿著短褲。我說：「你不怕蚊子看到你的美腿呀！」兒子卻回答說：「沒關係，就讓蚊子長針眼好了。」

心語：每個孩子的個性不同，兒子天生就是喜歡說笑話，他的幽默不知是從哪學習來的，但是家人相處，兒女間的幽默，的確可以添加生活上的情趣，所以培養幽默感也是很重要的。

9.太太就是媽媽（幽默的兒子）

　　我問小兒說：『以後長大了，愛太太還是愛媽媽？』小兒回答說：『愛太太。』我問：『為什麼？』小兒答：『因為媽媽嫁給爸爸後，就是太太了，所以愛太太，就是愛媽媽。』我不禁莞爾。

心語：孩子的幽默，往往是從父母的言談中，學習而來的。
　　　所以，為了培養孩子的幽默感，在孩子幼年時，給予
　　　一個快樂的學習環境也是滿重要的。

10.定期檢視誰買誰得吃（別買太多以免浪費）

愛買是人的天性，但買了往往沒時間吃或是忘了吃。喜歡吃的要買、打折的要買，特價品又不願意錯過，這樣不管愛吃或不愛吃，有減價就認為是撿到了便宜，結果冰箱的食物愈堆愈多，東西愈塞愈滿，想吃的還沒吃，想煮的還沒下鍋，過期的珍品又捨不得丟。

這樣一個冰箱不夠，兩個冰箱也不夠，事實上不夠的是自己的慾望和愛買的心態罷了！

為了防止食物囤積和冰箱不夠用的窘境，我家規定要買東西時，就要有自己負責吃完的心理準備，不能堆放在冰箱兩天以上，這樣家裡的成員，在購買食物時，就會有所節制了。

其次是定期檢視冰箱裡的食物是否過了保存期限，過期的食物一定要拋棄，以免病從口入。隨時清理冰箱裡的雜物，該吃的和該丟的都要立刻執行，才可以騰出更多的空間，來存放新鮮的食材。

冰箱就是貯存食物的地方，想要有健康的身體，就要從自身的觀念做起，吃多少買多少，這樣才不會浪費，也是解決冰箱不夠存放的基本原則。

心語：人都有貪小便宜的心理，只要打折的食品，就會想買
多點；買一送一的食物也不願意錯過。所以冰箱裡，
總是堆放了太多沒及時吃完的食品，等過期後，就只
好扔掉。所以不可貪小便宜，在買食物時，一定要衡
量自己是否可以在保存期內吃完，這樣才不會浪費。

11.「尊重」或「應該」的說法（要以「尊重」為表率來引導孩子）

我在美容院洗頭，一進門看到了一個幼兒園的孩子哭喪著臉，我知道那是爲我洗頭美眉的孩子，我問她：「孩子怎麼了？」她回答說：「今早他打開雞塊，我經過他身旁順手拿了一塊塞進嘴裡，結果他就哭了。」並且還說：「我自己都還沒吃呢！您就先拿去吃了，我一定會吃不夠的。」我回頭看了孩子一眼，長得胖嘟嘟的，想必食量很大，所以他擔心自己會吃不夠啊！

我就問：『那您要拿時，有沒有先問過孩子：「請媽媽吃一塊好嗎？」』

美眉說：「說什麼啊！雞塊是我出錢買的，再說我是他媽啊！」

我回答說：「雖然您是他母親，但您也要先問過孩子，這樣孩子就不會生氣了啊！」

現代父母，最好先要理解孩子的心理，以「尊重」爲先，如果我們先問孩子說：「雞塊很香，我可以先吃一塊嗎？」這時我相信，他會感受到您對他的尊重，而點點頭說：「好的。」

如果我們沒問過孩子，直接拿了就往嘴裡送，孩子的感受是，這已是我的食物，您問都不問一聲，拿了就走，心裡自然就不平衡了。

以前的父母比較傳統，做任何事情總認爲我是父母，我說了算，做任何事情，都不需要得到孩子的認可，孩子只有聽從的義務；有些孩子比較孝順，能夠體諒父母的辛勞，但有些孩子年齡小就無法體會父母的需要，貿然行事自然容易

引起孩子心理上的不滿，隨著時代的演變，想要與孩子和睦相處，任何事情最好都能與孩子商量一下，才不至於引起孩子的不快，突破相處時的困難。

　　身為父母，都希望教養出有紀律的孩子，所以指導孩子行為的發展上，要先做好表率，以「尊重」為要，切勿再以權威或是理所當然的方式來壓抑孩子的思維，以突破溝通上的障礙。因為：「尊重孩子就是尊重自己啊！」

心語：現代的父母，要做孩子的表率，時時尊重孩子，千萬
　　　別以權威的方式，來強迫孩子聽從，以「尊重」為要，
　　　這是很重要的。這樣孩子，在日新月異的歲月中，自
　　　然耳濡目染，就會學習到尊重他人。

輯五　關懷一直都在

　　一個家庭的美滿，首先是由父母的恩愛，感染了兒女的溫情。

　　想念父母也就成為了兒女們首要的思念。等到兒女成家立業，更可以感受到父母的恩情；所以感念的心，就成為了日夜的思念。

　　除此之外，人與人之間的情感，也在於彼此之間的關懷與想念，不管是時光的流逝，還是日月的更迭，想念之情，永遠圍繞在心間。

1.關懷一直都在（好友的關心）

　　日前接獲了一位已退休同事的來電，恭喜我的作品上報了，她說，看到我的文章，就如同看到我的人，備感親切。聽得我是又高興又感動。

　　這樣的電話我已接了三次，一通是同學打來的，一通是老朋友打來的，這一次是老同事打來的。一直以為平凡如我，不過是滄海之一粟，居然能夠得到老朋友們的記掛與關懷，實在是始料未及呀！

　　想想，有時在人生旅途中，遇到不如意事，總是那麼容易就失望和沮喪，甚至是輕忽了自己存在的價值，貶低了自己的成就，如今在朋友的恭賀聲和鼓勵下，又燃起了我對自己的信心與希望。

　　被人關心的感覺是那麼樣的美好，原來這也是一種幸福啊！

心語：平日與朋友相處時，要有相互的真誠和彼此的關心，這樣朋友一旦有了困難，才能得到我們的鼓勵，給予他們精神上的鼓舞；如果自己有了歡喜，也可以分享給好朋友，這樣自然也會得到他們精神上的支持與感念。

2.天才老爹（思念已故的父親）

爸爸是一個感性的人，對事物觀察敏銳，尤其是對我們這些孩子，更是疼愛有加。舉凡是家裡的傢具，大至衣櫥小至桌椅，爸爸均能以鬼斧神刀之力，製作得美輪美奐；有時也會一時興起，栽植花木，來個造景設計，將岩石堆砌出層層山巒，架設小橋流水，使小小的庭院，倍增雅趣。

爸爸還有一個愛好，就是喜歡修理我的耳環項鍊。在我還是小姐時，我喜歡收集各式各樣的耳環項鍊，只要是弄壞了、掉落了，爸爸都有辦法，將那些破銅爛鐵，修復得完整如初。有時掉落了一個耳環或是不完整的項鍊珠子，爸爸也會拼拼湊湊的創造出另一副耳環。

爸爸巧奪天工的技藝，換來了朋友們的驚嘆和羨慕，即使我已經結婚了，爸爸仍然不忘時時幫我修復那些不完整的首飾，我的爸爸真是一個天才老爹啊！

心語：老爹雖然已過逝多年，但在我們相處的歲月裡，對我來說是個好幫手，這份恩情，總是縈繞在我的腦海裡。所以平時如果能和兒女有一致的思維和想法，我都極力的支持，這份恩情源於老爹，給予我的示範，這還真的是令人永誌難忘啊！

3.敬佩的爸爸（永遠的懷念）

在正午的烈日下
陽光把您的影子
和身體疊在一起
斗笠下的汗珠
換取了我們的溫飽

在寒風苦雨中
您粗糙多繭的雙手
是勤勞努力的標記

歲月
在您臉上刻了
一條條的痕跡
成長
卻印在我們
歡樂的笑靨裡

您接受了痛苦的煎熬
是為了我們快快長大

您忍過我們忍不下的氣
您吃過我們吃不下的苦
您嚥過我們嚥不下的淚
爸爸！爸爸！

我愛您！

心語：在我們小的時候，父親就非常的疼愛我們。他重視我們的教育，傾聽我們的心聲，和尊重我們的想法；我們幾個孩子，都和父親的感情很好，也享受到了全家聚在一起生活的溫馨；如今，我們都成長了，但父親的恩情卻常駐留在我們的心中。

4.母親（母親的偉大和重要）

從來不告訴我
您有多愛我
但是您
煮了好多的食物
來餵我

從來沒聽說
您有多疼我
但是您
織了溫暖的毛衣
來裝扮我

我病了
您布滿血絲的雙眼
告訴我
您關心我
我跌倒了
您為我擦乾了眼淚
我知道
您在鼓勵我

從來不說
您有多累
但是

您手上的粗繭告訴我
您為家庭的付出
您對我們的照顧

啊！母親
什麼都不用說
我從您
絲絲的白髮
就知道
您有多麼疼愛我

心語：母親雖然已離我遠去，但在我的腦海裡，總是浮現出
　　　母親對我的關心與愛護，母親雖然從來沒有對我說出
　　　過這份愛，但這份恩情，真的是比天高比海深啊！

5.戀愛讓人變美麗（女人真心話）

　　宛情揮別了一段不愉快的婚姻後，日子過得真是愜意，不是和張三唱歌，就是和李四跳舞，臉色由以往的眉頭深鎖，變成面色紅潤、眉開眼笑、精神煥發的模樣，看得我們這些姐妹們好奇的問：「妳吃了什麼仙丹妙藥？」她總是笑盈盈的說：「是戀愛的滋味。」

　　哇！好神奇呀！戀愛居然有那麼大的功效。當然戀愛沒有家庭的負擔、婚姻的桎梏、不用煮飯洗衣、不用照顧老公與孩子、不用打理家務、不用為雞毛蒜皮的小事操心，不用為柴、米、油、鹽、醬、醋、茶煩惱。

　　宛情說：「人可以不結婚，但要談戀愛，談戀愛就如同綻放的玫瑰，充滿了美麗的顏色與光采。」

　　她說：「我不要永遠沉溺在那段不愉快的婚姻陰霾裡，我要過有陽光的日子。」她選擇了談戀愛來裝扮自己的臉色和身心。

心語：如果婚姻不幸失敗了，也別太傷心，要懂得愛護自己，
　　　保持身心的愉悅，這樣才能懂得生存的要義和人生的
　　　意義。

6.《寄生上流》的哀與愁（多看戲劇調劑身心）

《寄生上流》這部韓劇，剛開始看時，給我的感覺是：這一家人，以折疊披薩盒爲生，雖然過得清苦，但全家人的感情融洽，凝聚力強，大夥兒相處在一起，即使貧困，偶爾還會有些幽默感，使人不至於因爲劇情生活窮困，而拒絕往下看的意想。

由於主角經過朋友的介紹，當了有錢人家女兒的英文老師，進而推薦自己的姐姐成爲小主人的繪畫老師，後來姐姐又把爸爸，拉進大戶人家充當司機，爸爸進來後，又把太太引進來當管家，如此一來，一家四口就順理成章的寄生在有錢人家，並享受著優渥的生活。

就在一個大雨滂沱的夜晚，因前任管家的來訪和大戶人家因天候不佳，提前結束假期返家而衍生出了一個驚悚的殺人案件，也道出了貧苦人家想過好生活的憧憬與實質上的哀愁。

劇情中顯示這一貧苦人家，非常羨慕富貴人家的生活，想盡了辦法將家人拉拔進入富豪之家，諷刺的是：這大戶人家在買房子時，居然不知道這棟房子有地下室，原因是設計師覺得建了這個地下室來保命有羞恥感，所以在賣房子時都不提有地下室，而前管家多年來竟然將自己的丈夫寄放在上流人家的地下室，被後來的管家發現後，就展開了一場你爭我奪，你殺我逃的兇殺案件。

遺憾的是，由於貧苦人家長期居住在低窪潮濕的區域，身上難免有股難聞的腐臭味道，這讓男主人感到難以接受，就在有錢的老闆，掩鼻接過司機的車鑰匙時，這舉動觸怒了

司機的自尊心，而引發了殺機。

　　這也讓我察覺到：在生活的周遭，是否有些經濟上較優勢的人，即使偶爾也會表達出善良大方，但實質在心理上是否也會有種習性上的排拒，比較弱勢的人呢？

　　有時想想：貧苦之人，如果一直攀龍附鳳，想要寄生在上流社會，事實上這是一種不切實際的想法，當男主角有下一個新目標時，那就是：買下這幢豪宅，屆時他可以和母親在寬廣的草坪上曬太陽，等待夜晚來臨，父親可以從地下室走出來團聚。

　　這樣子的憧憬，事實上談何容易？那只不過是一種築夢的想像罷了！

心語：如果貧窮的人，不努力工作，只是覬覦富貴人家的財
　　　富，這種貪婪之心，日子久後，自然會被人識破，而
　　　後遭人唾棄；貧窮並不可恥，只要努力工作，安貧樂
　　　道，自然會有意想不到的幸福。

7.勿以善小而不為 （點滴善緣）

在山上運動，路旁總有一些菜販在賣自己種的蔬菜、水果。蔬菜有：野菜、芥菜、絲瓜、高麗菜、地瓜等；水果有：香蕉、芭樂、文旦、龍眼……等等。

我們住在鄉下，雖然也種了些蔬果，但知道他們會出來擺攤賺錢，家裡的經濟應該多少有點兒窘迫。有些人或許失去了老伴，一個人住在鄉下，沒有兒女的陪伴；有的可能是兒女在他縣市工作，唯與孫兒住一起，生活上難免有些困難。

一把青菜、幾樣水果，不會花費很多的錢，這時不妨隨喜買一些，一來可以化解他們經濟上的困難；二來看到他們愉快的笑容，心裡也會有一絲的暖意。

別以為這一些小事，用不著自己擔心，而忽略了為善的念頭，如果每個人都有助人的善心，願意費一點心思，付出自己微薄的力量，所謂「團結力量大」自然就可以解決別人的困境了。

心語：有句話說：「助人為快樂之本。」如果在自己的能力範圍內，可以幫助別人的話，就要義無反顧的去幫助別人。人生無常，但「施比受有福。」所以隨時要心存善念，多去幫助他人，即使是一個小小的善舉，也會讓被您幫助過的人，心存感激，所以我們又何樂而不為呢？

輯六 溫馨的點滴（童言童語）

（與孫兒相處的甜蜜）

時光總是在我們不經意的時刻，輕易的流逝，等到我們回首，就會在腦海中存留了，許多溫馨的影像。

尤其是當您成為了婆婆，就更能體會到與兒孫們，相處時的溫馨與甜蜜。這甜蜜的感覺，將會為您在人生的旅程中，抹上了不可磨滅的溫暖。

1.讓滑手機變成小確幸（自我追求小確幸）

　　北上看外孫，發現兩個外孫超喜歡滑手機，我擔心他們的視力，就問女兒：「如何能控管他們滑手機的時間與次數？」

　　女兒說：「手機在我這，滑手機前，必須先通過我這關。」女兒一向賞罰分明，一星期表現好的話，週六、週日各玩半小時，表現不好，就取消半小時滑手機的時間。

　　所以外孫們為了假日的犒賞，日常表現不錯，如果想擁有小確幸，可以自己爭取，但一天最多只能玩 30 分鐘，而且要在寫完功課和洗完澡之後才能玩。

　　怎樣爭取呢？女兒說：

1. 如果老師在聯絡簿上說他們在學校表現良好，那當晚就可以滑手機 30 分鐘。
2. 月考成績跟自己比，只要比上次進步，就可以滑手機 20 分鐘。
3. 平時測驗或是月考滿分，滑手機 30 分鐘。
4. 自動幫父母做家事，滑手機 20 分鐘。
5. 幫助同學被老師讚許，可以滑手機 20 分鐘。

　　兩個外孫都很能遵守規定，就是要有好表現，才能有小確幸。

　　我問小外孫說：「你還有什麼小確信？」他回答我說：「吃滷肉飯和滑手機就是我的小確幸。」我不禁拍拍手說：「好耶，那就好好完成自己的小確信吧！」

心語：從小就要給孩子們訂立規律的生活，這樣他們才會養成良好的習慣，懂得知書達理和做人的基本原則；如此這樣，教育孩子或是孫兒，才不至於成為一種負擔。

2.用貼文拉近祖孫情（增進感情的方法）

　　兩個外孫是我和外子從出生帶到要上幼兒園時，才隨父母北上就學，想念孫兒的心難免，偶爾用手機視訊，他們的眼睛不是盯著電視上的遊樂動畫，就是執著在自己的手遊活動中，再加上我隨口的問話，不外乎都是：「吃過飯了嗎？」「作業寫完了沒？」這些無法窺視他們內心世界的日常用語，他們回了兩句，如此就無法對話了。

　　後來我想出了一個法子，就是將報紙上相當於他們年紀的兒童作品，用 LINE 傳到女兒的手機，篇名如：（當挫折來臨時「五年級作品」），我會問大外孫，如果是你碰上了挫折，你會如何表達內心的感觸？沒想到大孫子與我談到，當他第一次騎腳踏車失敗時的經驗，後來他不怕跌倒，一再的嘗試，現在終於可以騎著腳踏車，在社區的公園裡，自由自在的溜達了。

　　另一篇貼文為：（最想改變的一天「四年級作品」）我問三年級的小外孫，讀完後有何想法？小外孫說：「我最想改變的就是當哥哥，而不是當弟弟。」我問他：「當哥哥有什麼好？」他居然答說：「當哥哥的話，弟弟都會聽他的，就像現在哥哥說什麼我都得聽，如果媽媽能夠給我生個妹妹多好啊！因為當我成為哥哥的話，妹妹就會聽我的話了。」我聽後大笑一場。就說這可要跟你媽媽商量了，他聽了也哈哈大笑。

　　我突然感到，如果想拉近祖孫的距離，心靈的溝通是有必要的。每周假日貼一兩篇兒童作品貼文，然後研討內容，彼此交換內心的想法，自然可以充實言談的內容，不再是那些乏善可陳的問話，如果對話中有思考的空間與交流的表現，

這樣一來，就可以拉近彼此之間的距離，促進祖孫之間的感情，無形中也增加了他們閱讀和思考的能力，何樂而不為呢？

心語：用貼文的方式來與兒孫交談，藉以拉近彼此間的距離。那就得想出個好法子，來引起他們的興趣，如果只是一些平時的問候語，久而久之就無法引起他們的好奇心，所以利用文章的內容，來討論他們的看法，或分享自我的想法，那談話的內容自然就豐富啦！

3.送不送都一樣（高智商的回話）

下午去接大外孫碗碗和小外孫盤盤放學，兄弟倆一見面就因細故吵個不停，最後哭了起來。

我先問小外孫：「你們兩個天天吵架，那把哥哥送給別人好不好？」盤盤邊擦眼淚邊說：「不要。」大概年紀還小，怕孤單吧！

我又問大外孫，那把弟弟送給別人如何？」碗碗竟斬釘截鐵地說：「好！」嗯，顯然他已經在學校交了不少朋友。

我故作沉思狀，說：「那要送給誰呢？」這時盤盤突然欣喜大叫：「我知道了，送給媽咪吧！」碗碗說：「那有什麼用？有送和沒送還不是都一樣。」惹得我和老公哈哈大笑。

心語：有時與兒孫對話，還真有趣，因為他們思考的方向與我們不同，他們年紀小，有自己的想法，而我們年紀大有自己的看法，從他們不經意的回答中，有時還真的是會感到很有趣呀！

4.我的腳已經斷了（難以拒絕的回答）

　　小外孫從小就古靈精怪，有天帶他去公園散步，回程時他走啊走的，突然伸出兩隻小手，說：「婆婆，抱抱！」我說：「不行，婆婆手好酸啊！」沒想到他回：「我的手也好酸。」

　　我要他再走一小段，他走不到兩步，又是那句：「婆婆，抱抱！」我故意說我的手快斷了，無法抱他，怎料他竟一屁股坐下，嚷著說：「我的腳已經斷了！」哇：真的是敗給他了。

心語：小外孫從小就聰明伶俐，很有幽默感。想要拒絕他，
　　　有時真的還得動動腦，因為他的思考敏捷，有時的回
　　　話，還真的是，讓您想都想不到的啊！這次的答話，
　　　就讓我難以抗拒啊！

5.一百元的聯想（賺錢的妙招）

　　小外孫已經上小一了，為了鼓勵他努力向學，我承諾只要他考試考了一百分，我就會給他一百元的獎金。

　　前幾天他來電說：「婆婆我國語考了一百分，但是老師在旁邊打了五顆心，那是不是可以得到五百元？」

　　我不禁大笑，這孩子的聯想力也實在是太強啦！

心語：與外孫對話，有時令人啼笑皆非。但他們的頭腦靈活，
　　　想像力豐富；這次的對話，還真的是有做生意的頭腦
　　　啊！兒孫與我們交談，往往是出乎我們意料之外的答
　　　案，和他們相處在一塊兒，還真的是又溫馨又甜蜜啊！

6.我會更愛您（美言一句三溫暖）

　　每回接兩位外孫下課，他們總會嚷著要買糖。我說：「你們的媽咪不准。」大外孫說：「婆婆，我不會告訴媽咪的。」我說：「等你牙疼時，你媽咪就會知道了。」

　　這時小外孫竟開口說：「婆婆，如果買糖給我，我就會更愛您喔！」哎呀！沒想到，我竟不自覺得就帶著他們走到了超商門口。噯！真是敗給他們啦！

心語：兩個外孫，如果想做啥事，總會想出令我意想不到的
　　　計策。就如同：說話吧！我原本是拒絕的，但他們開
　　　口說話時，我的心卻不自覺地，就往他們說的方向去
　　　做啦！嗨，這還真的是難以拒絕啊！

輯七　培養興趣調劑身心

　　人的一生要快樂的活著，一定得找些可以提昇自己心靈上的樂趣。如：唱歌、舞蹈、寫詩、繪畫……等等，讓心靈有所寄託；因為：生活是一種用心去體會、用耳朵去傾聽、用眼睛去欣賞、用肢體去實現的一門學問，只有好好的生活，才能獲得一個有意義的人生。

1.寫詩的情懷（意境的表達）

如果你願意，生命可以是一首詩。

那將是一首吟詠生命的詩篇。這都要看你用甚麼樣的眼光，來透視這首詩，用什麼樣的心情，來欣賞這首詩。

詩的意境是開放的，它能讓你的思維，馳騁於宇宙之間，像脫韁的駿馬，盡情奔馳於那浩瀚無比的原野，像海浪般的澎湃衝擊，也可以像流水般的低漩迴轉，那份捕捉的靈感，如朝露，是如許的晶瑩；如鳥鳴，是如許的清新。

當我們乍見路旁的小花綻放，欣羨那份嬌豔時，那將是一首喜悅的詩。當我們被蔓藤羈絆，試著撥開那滿身的枷鎖時，那將是一首突破困境的詩。當我們踩著陽光，邁開腳步，那將是一首歡愉的詩。當我們欣賞明月，駐足那份沉靜的美時，那將是一首寧靜的詩。

我愛詩，愛它的雋永，愛它那份想像的美。

心語：有人說：「人生如夢」也有人說：「人生如同一首詩」
　　　不管您如何的去思考，生命總是一段過程。喜、怒、哀、樂，就看您是用怎樣的態度來看待它。
　　　如果您的人生很安逸，那可以是一首百花齊放、百鳥爭鳴的一首詩。如果您可以用悲、歡、離、合，來看待自己的生命，那何嘗不是一首悲喜交集的一首詩？那就請用簡短的文字，來表露您內心的話語，這樣簡潔又有意境的表達，的確就是誘發您寫詩的好方法，如果您對人生也所感觸的話，不妨就用簡短的文字，來表露出滿心的熱情吧！

2.詩兩首（表露心聲）

出遊

心寬腳步輕
遠山近景自然情
愁思慢撫平

盼望

心中一曙光
茫茫大海陡然升
猶如燈塔明

心語：寫詩，是一種內心情緒的表達。我們可以用簡單的文
　　　字，來表露內心的喜、怒、哀、樂。這種簡潔的表達，
　　　亦是釋放心靈的溫馨。

3.隨 ASSURE 起舞（肢體的展露）

ASSURE 模式為美國印第安那大學教授 R.Heinich，M.Molenda 與普渡大學教授 J.D.Russell 所提出，專門針對老師在教學上的應用而設計。三位教授在設計此一教學模式的過程中，涉獵書籍及媒體的範圍甚廣，包括學習與認知心理學、教育目標與情境分析，以及教學媒體的設計與製作等專書，力求此一模式盡善盡美。

以暑修舞蹈組利用 ASSURE 模式為例，加以分析：

A.分析學習者的特質
（AnalyzeLearnerCharacteristics）

傳統的教學模式通常都是隨著舞者起舞，但這次上課的老師，卻將動作講解得很清楚，這樣系統化的教學模式則不同，它從學習者的特質著手，利用學習者一般的特性，來決定教材的深淺。

一上課時，老師就先放音樂，讓我們隨意動一動，從音樂的節拍中探測出我們對韻律的敏感度，再依我們的程度決定教材的難易，使我們能在適合自己的教材中，舞出自身的樂趣，不至於有太多挫折感。

S：陳述學習的目標（StateObjectives）

讓我們了解在學習過程中獲得了什麼，結束後應具備哪些新的能力和知識。重點在於學習者應從教學活動中獲得了什麼，而非教學者打算放入多少東西。

1.在認知的領域中：得知土風舞的教法，以便回校後教

導學生。

2.在情意的領域中：學習到樂己亦樂群，寓教於樂，達到
幫助自己就是幫助別人的目的。

3.身體技能領域中：由淺入深，使學生不致於有太大的
壓力，注意學生個別的差異，採分組方式，互相研討學
習。

S：選擇、修正、或設計教材
　　（Select，ModifyorDesignMaterials）

教師針對教材的選擇，除了考慮學習者的程度及學習目
標外，教學方式亦是一大要素。

老師會選擇一些土風舞並要我們回去勤加練習，也會請
一些同學示範，導正我們錯誤的動作，並注重情境教學和教
學的過程，灌輸群己的觀念，使我們在學習中了解與鄰伴、
舞伴融洽的人際關係。

U：使用教材（UtilizeMaterials）

利用學校的體育專科教室，內有冷氣、音響等設備，使
我們能愉快的學習。對於較難的舞步，則以圖解在黑板上詳
細說明，使我們迅速了解，並能與群體合作，其站在講台上
傳遞訊息是傳道、授業、解惑的教學者，本身也如舞台上的
演員，成了進行傳播過程的媒體。

R：要求學習者的反應
　　（RequireLearnerResponse）

學生的積極參與，應是教學過程中重要的部分。

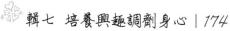

我們利用下課時間，將學習的舞曲反覆練習，老師並以增強作用的教學方式引導我們，對於較難的舞曲，不厭其煩的教導我們，提升我們學習的興趣，老師的立即回饋，也激發了我們更上一層樓的學習動機。

　　E：評量（Evaluate）
　　此為整個模式的最後步驟，包括三方面：一、對教學過程的評量；二、對學習者成就的評量；三、對教學媒體、方法及教學者的評量。
　　由於每堂課均學習二至三支不等的土風舞，期末時，老師把所有學過的舞曲分為三組，難易分明，讓學習者容易學習，每組要有評量的內容，藉以互相觀摩，彼此分享成果。即使是毫無舞蹈基礎的我們，也熟悉了土風舞的基本步伐，使我們均在愉快的情境中，獲得豐碩的果實。
　　此一 ASSURE 模式的有效學習，均詮釋在這次由廖幼芽教授擔任的暑修舞蹈（土風舞）組課程中，使我們獲得教學的方法和學習的過程，受益匪淺，實在是一件值得欣慰的事

心語：一個人的一生中，只有不斷的學習，才會有所進步。
　　　尤其是對於自己不熟悉的課程，最好能夠利用暑修的時間，來接受課程中有系統的安排，學習一些新的技能，有時還可以發現，原來自己也會愛上自己暑修的課程。
　　　學習土風舞，一直是我想要圓的一個夢想，如今從暑修中，學習到了一些技能，正好可以與學生共享。

樂己亦樂群，這種寓教於樂的心理，使我從愉快的情
境中，還真的是可以活出自我啊！

4.上台表演黃梅調（老師的第二把刷子）

　　從來沒有想過，自己也會有粉墨登場的機會，在舞台上表演黃梅調《戲鳳》。

　　有一年教師節前夕，一位參與慶祝表演節目的老師，因為身體微恙，校長臨時指派我去參加「戲鳳」裡，李鳳姐的角色演出。

　　我從小對黃梅調就非常的偏愛，凡是黃梅調的歌曲，都能唱上幾句。然而畫個大濃妝，在眾多觀眾的面前粉墨登場，那還真的是頭一遭呢！

　　出場前，我的身體直發抖，心臟狂跳，等到真的上了臺，卻把所有的畏懼，都拋到了九霄雲外。唱著曲調時而俏皮、時而優雅的黃梅調，我和另外兩位演員林秀娥、張櫻花老師，一會兒搖擺身軀，一會兒輕移蓮步，再加上隨著歌詞所帶動的肢體語言，我們三人（唐明皇、李鳳姐、大牛）贏得如雷的掌聲。

　　下了臺，我們三個人都嚇了一跳，沒有身段的底子，沒有唱腔的練習，有的只是對表演所執著的熱情。當時，我們的想法，只是希望自己能夠盡心的演出，來娛樂其他同仁，調劑教學生活。

　　在頗獲好評之下，不久後，我們三個人受邀到內政部北區「仁愛之家」表演。為了帶給老人家歡愉的氣氛，我們三個人賣力的演出，再一次受到了肯定的掌聲，我也對自己有了信心。其實，只要用心揣摩劇中人的角色扮演，然後淋漓盡致的發揮出來，演戲一點兒也不難，挺好玩的。

　　人生如戲，戲如人生。如果您有機會能夠參與各種角色

的扮演，不妨試試看。那種放下身段賣力演出的經驗，會使
人生體驗更加的豐盈，何嘗不是另一種生活的學習啊！

心語：由於上班時忙綠，下班時要照顧兒女，從來沒有想過，
　　　自己除了教學外到底還會什麼？沒想到在一個偶然的
　　　機會中，由於同事身體微恙，不能上場表演黃梅調的
　　　戲碼，最後就由我來替代「戲鳳」的演出，在台下練習
　　　了幾天，我就上場表演了，沒想到獲得了如雷的掌聲，
　　　這對我來說，還真的是一種新的挑戰和體驗。但有一
　　　就有二，隨後又受邀去「仁愛之家」義務演出，頗獲好
　　　評；讓我對自己也有了信心，這人生的體驗，何嘗不
　　　是一種生活的學習啊！

○朱麗堂滿得獎，出演的入投資認會

5.如何扮演一個教育改革者（用心思考、努力創新、研發出更具人性化、理性化的新教學法。）

《寶瓶同謀》第九章（飛與看）裡面有一句話是這樣的：「如果別人都能飛，我才願意飛，否則我豈不是太引人注目。」如果我們抱持著這樣的想法來看教育，那麼教育想要改革的決心，就要大打折扣了。

事實上，如果懂得充實創造力，就能夠將有創造力的人增加到臨界量。一旦到達臨界量，文明就會向前躍進，教育亦當如此。

有些人對教育失去的信心，是因為教育制度有些弊病，有些缺失，有些人則是擔心教育改革帶來的衝擊。人如果沒有開放的心靈，就無法接受不同的聲音，無法接受別人的批判，而批判與開放，事實上是一體兩面的。

能夠開放，也就會遭到批判，能夠接受批判，才表示有開放的雅量。在這日新月異的時代裡，教育的改革勢在必行，但是在改革的過程中，需要老師的配合與協助，有時還要付出一些代價。在改革的初期，不能預見期待中的美好，甚至會遇到一些困難，但是時代在改變，環境在改變，人心也在改變，教育制度能夠不改變嗎？

教育是一種權利，接受國民教育也是一種義務。教師在指導學生時，首先就要了解，教育的本身含有改革，教育的希望在於體認。教師在教育的改革中，扮演著怎樣的角色？是值得我們去深思的。

教育改革要做的工作，是要為教育做診斷，然後在教育制度的弊病上給予治療，並且施行教育的新範型，以注入年輕人新的觀念，因為只有改變年輕人新一代的教育，我們才會有新的社會。

　　教育改革者，如何突破傳統教學模式的窠臼，引領學生用啓發性、創造性的方式來鼓勵學生「自我思考」、「自我實現」，是需要一番的奮鬥和努力的。

　　一般人對教育工作者，總是抱著傳統的看法，認為教師過於「保守」、「古板」，甚至認為教師大多數是「食古不化」的刻板印象。我們在這麼多變詭譎的社會裡，怎樣來突破自我，祛除保守的一面，打破「沉默文化」的僵局，就要看我們是否具備了關心的熱情，唯有一顆熱情的心，才能關懷社會、關懷國家、關懷自己，也唯有一顆熱情的心，才能喚起自己的道德勇氣，說應當說的話，做應當做的事，而不再是一個被「壓制者」下的沉默者。

　　今天身為教師最大的悲哀就是：想說卻不敢說，想做卻不敢做，當別人不敢飛時，自己也不敢飛，當別人敢飛時，自己才敢飛。唯恐自己的特殊，自己的不一樣，引起別人的側目。事實上，獨特的、創新的思考與做法，是教師應備的；沒有創新、沒有獨特，一味的傳統與依循，就注定要失敗。時代的潮流在變，人類的思想在變，那麼，教育的方法和引導能夠不變嗎？

　　當教改的聲浪從四面八方湧進，身為教師的我們，是否也準備好了，一顆改革的心，來面對新的觀念和採取開放評估的態度？相信每一學科都可以有各種傳授的方式，不再執著於一種解題的方法；認可猜測與歧異的思考方式，也是創

造過程的一部分；關懷個體做事的潛能，理論與抽象的知識，必須由教室內外的實驗來大量補充；關心學習環境，接受社群的投入，注重師生之間的人際關係，並勇於向學生學習，願意接受終身的教育。

教師除了要具備獨立思想與判斷的能力外，還要具備哲學家的精神。換句話說：就是在各種工作的經驗中，要具備良好的品質與內涵。其實教育就是一個人願意去肯定自己，也願意去教育自己，因為教育的本質，在於影響人成為人，影響事成為事，如果在你的思維裡，能夠擁有系統、宏觀的理念，那就比較能夠成為一個完整的人。

完整教育與大部分的教育是不一樣的，因為完整教育的目標在於協助學習者的超越，而非只是培養生活的技巧。教學是一種藝術，教育是一種責任，在多元化的社會裡，教學的理念，不再只是適用於一種方法，一套招式，就可以敷衍帶過的，它是需要用心思考，努力的去創新，並研發出更具人性化與理性化的新教學法。

教育的成敗，與教育者的投入有關，在宏觀上，要讓人覺得有參與的決心，有參與，才會有接觸，有接觸，才會有了解，有了解，才會知道哪些地方需要改進，有改進才會有進步。有句話說：「山不轉路轉，路不轉人轉，人不轉心轉。」就是說明教育是一種藝術；是一種用心去體會，用耳朵去傾聽，用眼睛去欣賞的一門學問。

學校的老師就和好的醫生一樣，能夠創造親善、共鳴、感覺孩子的需要、衝突、希望和恐懼。在教育改革的推展中，但願我們都是參與教育改革的同謀者，而不是隨波逐流的共犯。

心語：教育的本身含有改革，教育的希望在於體認。想要使
　　　我們的國家有所進步，首先得體會出，時代的不同和
　　　環境的不一樣，人心跟著也會有所改變；所以教育的
　　　本身，也必須要有所改變，才能跟得上時代的潮流。
　　　首先要注入年輕人的新觀念，只有在關注年輕人教育
　　　的新思想，才能引導學生用啓發性和創造性的方式，
　　　來面對多變的社會。
　　　用關懷的心來看待社會的一切，用熱情的心來關注學
　　　生的心理，用心思考、努力創新、用耳朵去傾聽、用
　　　眼睛去觀察。
　　　所以說：教育是一門藝術，創造出親善和共鳴，來解
　　　決孩子們的需要，突破他們的恐懼，才能引導他們走
　　　向光明。

6.機會是給準備好的人（這樣做就對了）

在人生的旅途中，往往有些時候，我們錯失了良機；除了悔恨自己沒有把握之外，我們還能做什麼呢？

玉梅和小芳都喜歡跳舞，但基於人數的限制，玉梅沒被老師選上參加團隊的演出，不過玉梅並不氣餒，閒時總是在旁跟著大家練習。一來跳舞是她的興趣。二來也是把握機會自我訓練。

就在演出的前三天，小芳不小心扭傷了腳踝，這突如其來的變故，讓老師毫不猶豫地請玉梅來代替小芳演出。這也是因為玉梅不像其他沒入選的成員立即放棄，她仍努力地跟著大夥兒一塊兒練習，才能為自己爭取到了演出的機會。

機會常是突如其來地降臨，只有隨時做好準備的人，才能幸運地抓住它。

心語：很多事情的發生，都是難以預料的。尤其是參加演出或是比賽，老師總是會選出較為優秀的人員來參加，但是，如果沒被選中的人，能夠把握住自我訓練的話，就會有意想不到的幸運降臨。

　　機會總是會給準備好的人，在人生的旅途中往往有些時候我們錯失良機，除了悔恨自己沒有把握之外，我們還能做什麼呢？

　　所以平時就要做好準備，在需要時才能派上用場，也才會有意想不到的幸運降臨。

輯八 人生美景（美好的人生）

　　美的視覺，可以讓人身心愉悅。人生的樂趣，在於可以與家人同住在一個環境優美的地方，從自然環境中去發現美的事物，調劑身心，讓生活更有意義；我們可以一起觀賞住屋附近的自然生態與花草樹木，有了想像的空間，就可以過得恬靜又養身，從大自然的環境中，去觀雲、觀山、觀水，尋覓大自然界中的美景。

　　無論是山坡上的嫣紅，或者是草坪上的綠意，在仰望藍天白雲，行走綠蔭蓊綠的步道，這期間心靈的平靜，就足以讓我們好好的度過每一天。

1. 心中的桃花源（住得安樂窩）

外子退休後，來到花蓮尋尋覓覓，終於找到了他心中的桃花源。那是一片種植了棕櫚樹、椰林和落羽松的農地。

農地中央有一個湖，湖水清澈，映照著漂浮的白雲、蓊綠的山脈和婀娜多姿的椰影，這絕美的情境，令人流連忘返。而紅冠水雞也是湖域的常客，緩緩游過的身影，為湖面畫出了圈圈漣漪。

我喜愛到湖邊散步，觀賞湖畔的鳶尾花，好似藍蝴蝶般飛舞在綠葉之間。樹形優美又結實纍纍的第倫桃，聳立在林蔭步道邊，每每令行人讚嘆。

至於房舍的大小、室內佈置是否華麗，這些都不重要，重要的是我的心，因為環境美好而愉悅，因為周遭的靜謐得以心曠神怡。每天悠閑沐浴在芬多精裡，看著白雲飄飄、看著湖水藍藍和青青山脈，我心存感激，也時常邀請親朋好友來家小住，分享這湖光山色的美景。

心語：美好的自然環境，往往令人心曠神怡，想要有健康的
　　　身體，走出戶外，是一個非常重要的課題，因為只有
　　　心理健康，身體才能強健啊！

2. 繁花似錦的地毯（美的視覺）

　　行經花蓮縣壽豐鄉往雲山水的出入口處，瞥見一處原本因休耕而荒蕪的農地，如今農委會將這片荒地妝點成花海，以供大家欣賞。

　　在繽紛燦爛的花海中，紅色、白色、粉紅進入眼簾，就像是一張色彩鮮艷的寬大織布地毯。除了豐富觀賞者的眼睛外，花海中還裝置了圓弧、直線與白色的座椅，也增添了趣味，在花團錦簇之中，有種令人親近的感覺。

　　在荒地上添加了彩筆，猶如仙女棒一揮，遍地都綻放了芬芳和美麗的花朵。

心語：美好的風景，令人心曠神怡，環境的優美更能使人神
　　　清氣爽。所以愛護環境，成為了每個人都得盡心的事
　　　情，即使是在自己的家門口，如果能夠保持清潔，並
　　　妝點美麗，這樣的視野，不是一件令人愉悅的事嗎？

3.歐洲仕女 （美的想像）

在林間散步，無意間看到了一顆樹，樹幹上出現了一位美麗的仕女，她在高聳的髮髻上別了一朵花，耳垂上掛著晶瑩剔透的鑽石耳環，穿著蓬蓬裙，手上還拿著一把羽毛傘，活脫脫的就像是一位歐洲仕女般的出現在我的眼前。

雖說：「三分形象，七分想像」的確是如此，當這樹幹的影像，進入我的眼簾，我似乎就瞧見了，這位美麗的歐洲仕女，向我走來。

心語：「三分形象，七分想像。」
如果我們帶著愉快的心情，去觀賞周遭的環境，自然就會發現，造物者，送給了我們一份美好的禮物；所以如果我們凡事都往好處想的話，就會發現自然界是美好的。

4.綠意（生活中的驚喜）

　　在山間散步，陡然發現了這棵植物，十一片綠葉，宛如手掌般的向上攤開，鮮豔的葉，條理分明的向天空伸展它的綠意，葉脈分明，狹長且生意盎然，波浪狀的綠葉邊緣，好似少女的舞裙，散發出青春活潑的氣息。

　　雖然這只是路旁枕木邊，一朵毫不起眼的綠意，濃郁的表態，卻深深地吸引了我的目光，人生不就是如此嗎？往往在不經意的剎那間，就會有驚喜，出現在你的眼前，生活的周遭總有驚喜連連，只待您去細細的品味與玩賞。

心語：人生的道路上，往往在行進中，就會發現路邊的綠意
　　　或是鮮豔的色彩，這在我們人生的旅程中，都是一種
　　　不可多得的驚喜，把握住美景的呈現，那將是給自己
　　　的生命中添加色彩，讓我們的人生更加的多采多姿。

5. 心型的火焰木（愛的語言）

　　散步時，在林間草坪上，發現了這個心型的火焰木！想必排這顆心的人，一定是帶著心愛的伴侶，徜徉在大自然的林間，用鮮艷奪目，猶如火焰般的熱情，編織了美好的一顆心，以天地為鑑，用花草為憑，來表達出他們堅貞的愛情。

　　紅色的火焰木，像顆炙熱的心，它的種子有著透明的翅膀，可以飛到天涯海角，就像一對戀人的期許，躺在寬闊的草坪上日夜相伴。

　　在此祝福：天下有情人，天天相愛，日日開心。

心語：紅色心型的火焰木，就像是一顆赤辣辣的愛心；用此
　　　來表達彼此戀人的心情，是再好也不過了，有了堅貞
　　　的愛情，自然情意綿綿，永結同心。在此期待天下有
　　　情人，終成眷屬。

6.給自己一些新意（創新的喜悅）

人要活得有意義、有鬥志，創意是不可少的元素。

即使是白天出門，都要給自己創造一些新意，比如去搭捷運，以往都是往右邊走，今天可以試試往左邊去，也許稍微遠了點，但是在新路上，總會發現一些驚喜。

可能是發現了一間新店鋪，或許是這條路又開闢了一座小公園，整個風景就不一樣了。在平凡中創造新意，或許也是給自己驚喜的方法。即使是多繞了一些路，只要早點出門，何嘗不是一種鍛鍊身體的方式呢？

在平淡的日常中生活中給自己一些新意，不僅限於走訪新的路線，有時在自我裝扮上也可運用。例如：將套裝分開來搭配其它服飾，將上衣搭配不同顏色的裙子或長褲，也會造成意想不到的驚喜；就如同在叢綠之中，加上一抹紅，雖然有些不協調，或貌似有些俗氣，但也不失為聚光之鑰，就像自然界中的花朵，不也都是紅花配綠葉嗎？

所以說，對我們這些年紀漸長之人，驚喜與美好，依然是可以自行把握並創造的呀！

心語：人生苦短，過好每一天，就是一種生活的美學。在日常生活當中，我們應該時時刻刻給自己一些新意。因為有新的想法，過不同的日子，自然領悟就不一樣，不一樣的情境，就會有不同的感受，也會激發出我們不同的想法，在平凡中求取不平凡，在平靜中爭取燦爛，那您將會感到人生的意義。

7.追求心靈的平靜認真過好每一天（美好的人生）

退休一詞，如果照字面上來說：就是在工作崗位告一段落後，卸下重責大任休息一番。但每項工作的年限不同，自己還很年輕，所以退而不休，又掀起了第二度就業的風潮。

有人說：退休了就好好地做自己，從事一些自己喜歡的事情；但也有人認為，退休了沒有職場上工作的羈絆，正可以展翅高飛，去圓自己的夢想。

我是領有公俸的人，所以不用為五斗米折腰，想學畫畫就去學，想學唱歌就去唱，生活可以簡單些，對於自己的興趣，主動地去學習，假以時日所學的才藝自然能夠精進。

退休生活不必太奢侈，偶爾與朋友聚餐或與同事郊遊，是有必要的，加入社團的 Line 群組，就不會感到孤單寂寞，更可以增強社會的連結；不用太操煩孩子，善用每一天的美好時光來閱讀、寫作、練書法、繪圖、參加合唱團，這樣的生活，逍遙又自在，有時與家人去郊遊，接觸大自然的美景，讓身心舒暢；即使沒人陪伴也要養成走出自限的圈圈，獨自去散步做運動，以培養獨立自主的能力；平時不菸、不酒、不打牌熬夜、早睡早起外，每半年還得看一次牙醫，每一年做一次健康檢查，以確保身心的健康。

這樣的暮年，雖然平淡無奇，但擁有心靈上的恬靜，這可就是我退休後，所要追尋的自在生活啊！

心語：當生活告一段落後，可以從事一些以往想做而未做的
　　　事情，來調劑自己的身心，讓自己愉悅的生活，這種
　　　圓夢的日子，是自己的選擇，所以往往可以使心靈充
　　　實，快樂得過好美麗的人生。

國家圖書館出版品預行編目資料

心靈豐盈~如何追求美好人生 / 趙翠英著. — 初版. —
臺中市 : 白象文化事業有限公司, 2022.12

面; 公分
ISBN 978-626-7189-37-5 (平裝)

1.CST: 生活指導 2.CST: 家庭關係

177.2   111015571

心靈豐盈~如何追求美好人生

作　　者　趙翠英
校　　對　趙翠英
發 行 人　張輝潭
出版發行　白象文化事業有限公司
　　　　　412台中市大里區科技路1號8樓之2（台中軟體園區）
　　　　　出版專線：（04）2496-5995　　傳真：（04）2496-9901
　　　　　401台中市東區和平街228巷44號（經銷部）
　　　　　購書專線：（04）2220-8589　　傳真：（04）2220-8505
專案主編　李婕
出版編印　林榮威、陳逸儒、黃麗穎、水邊、陳媁婷、李婕
設計創意　張禮南、何佳諠
經紀企劃　張輝潭、徐錦淳、廖書湘
經銷推廣　李莉吟、莊博亞、劉育姍、林政泓
行銷宣傳　黃姿虹、沈若瑜
營運管理　林金郎、曾千熏
印　　刷　百通科技股份有限公司
初版一刷　2022 年 12 月
定　　價　250 元